财政金融通识课

王东京 著

中国财经出版传媒集团
中国财政经济出版社

图书在版编目（CIP）数据

财政金融通识课 / 王东京著. -- 北京 : 中国财政经济出版社, 2024. 10. -- ISBN 978-7-5223-3493-6

Ⅰ. F8

中国国家版本馆CIP数据核字第202405DD01号

责任编辑：蔡丽兰　郁东敏　　责任校对：胡永立

封面设计：今亮后声　　责任印制：刘春年

财政金融通识课

CAIZHENG JINRONG TONGSHIKE

中国财政经济出版社 出版

URL：http://www.cfeph.cn

E-mail：cfeph@cfemg.cn

社址：北京市海淀区阜成路甲28号　邮政编码：100142

营销中心电话：010-88191522

天猫网店：中国财政经济出版社旗舰店

网址：https://zgczjjcbs.tmall.com

北京文昌阁彩色印刷有限责任公司印刷　各地新华书店经销

成品尺寸：145mm×210mm　32开　12.25印张　224 224字

2024年11月第1版　2024年11月北京第1次印刷

定价：68.00元

ISBN 978-7-5223-3493-6

（图书出现印装问题，本社负责调换，电话：010-88190548）

本社图书质量投诉电话：010-88190744

打击盗版举报热线：010-88191661　QQ：2242791300

序 言

1888年，美国作家爱德华·贝拉米出版了一部小说《回首前尘》(*Looking Backward*)，小说主人公在1887年入睡，到2000年一觉醒来，发现百余年过去，沧桑巨变，昔日的梦想皆成现实。从摇篮到坟墓，政府为每个人都做好了安排：老有所养、病有所医、弱有所助。小说出版后风靡一时，从此人们对政府有了更高的期待。

同时，这个故事也引发了人们的思考。政府提供服务需要花钱，而政府不能点石成金，钱从何来？答案只能是征税。可政府应该征哪些税、税率定多高以及所征来的税收如何使用（分配）？这便是国家财政要研究的问题。税收取之于民、用之于民，这些问题当然也与我们每个人息息相关。而且财政是政府调节经济的重要手段，若你不了解财政知识，看不懂国家的政策取向，一旦选错了投资方向，可能满盘皆输。

进入21世纪，金融已全面介入人类经济活动，而且金融全球化不仅给我们带来了机遇，也增加了风险。美国学者爱德华·洛伦兹曾说，巴西一只蝴蝶在热带雨林扇几下翅膀，可能会给美国得克萨斯州带来一场飓风。事实的确如此。当年美国次贷危机，就引发了全球金融风暴。这样看，我们也应该学习必要的金融知识，要是完全不懂金融，你会成为现代社会的“局外人”。

目前在国内大学里，财政与金融分属两个不同的学科。近些年我常听朋友说，“财政学”太过宏观，“金融学”又高深莫测，非专业读者自学很困难。是的，如果你去读专家学者写的论文，满篇的数学公式和模型确实容易让你望而生畏；而我却要告诉读者，财政金融方面的基础知识，是可以通过自学掌握的。

说一件往事。2017年6月下旬，中央党校培训部举办学员读书会，由一位在党校学习的银行行长给同学分享《中国是部金融史》这本书，他讲完后得出结论：金融其实很简单。这个结论当场在学员间就引起了争议。那天培训部让我最后作点评，我讲了两层意思：金融很神奇，但金融不神秘。

读书会结束后，有学员建议我写一本关于财政金融知识的通俗书，也是从那时起，我开始做准备，今年春节期间，我先试着写出了几个章节，请非经济专业的学员阅读提意见，他们反馈说，确实能够读懂。受其鼓舞，我便一鼓作气，终于在这个夏天写完了读者面前的这本《财政金融通识课》。

这里要特别说明的是，本书冠名“通识课”，并不是我在中央党校授课的讲稿，而是沿用了自己多年来写讲稿的风格。条条道路通罗马。在我看来，财政金融并非只有专业论文一种写法，也可以用家常话写得明白晓畅、平易近人。如果这本书真能让读者轻松阅读，并有所收获，我的目的也就达到了。

余话不说，是为序。

王东京

2024年8月5日

于北京大有庄

目　录

第二章 国家预算举足轻重

第三章 政府税收取之有道

第五章 财政税收理论流变

第六章　金融机构八仙过海

第九章 保险市场排忧解难

第十一章 货币金融理论述要

财政牵系国运

财政职能定位

促进公平分配

优化资源配置

稳定经济增长

支持科技创新

中国财政体制改革

第一章
财政牵系国运

如果要给财政下定义：财政即政府理财之政，是一个主权国家为了维持其存在和履行社会管理职能，凭借政权力量参与国民收入分配的活动，财政不仅关乎民生，而且也牵系国运。

第1节　财政职能定位

按照上面对财政的定义，财政也可以说是国家对社会产品进行集中性再分配的行为。那么我们首先就得回答一个问题：在现代市场经济条件下，为何需要国家财政履行社会管理职能？

市场并非万能

20世纪30年代以前，经济学家大都相信市场是万能的，并对萨伊定律（供给自动创造需求）深信不疑，只要企业能自由生产，个人能自由择业，市场这只“看不见的手”就能使资源实现优化配置。可20世纪30年代的那次经济大危机，彻底暴露了市场的缺陷，打破了市场万能的神话。

在多数经济学家看来，市场之所以失灵，原因主要有五方面：垄断、负外部性、信息不对称、公共品、收入分配不公等。

垄断为何导致市场失灵？原因是垄断企业规模大，市场占有率高，它既能通过限制产量抬高产品价格，还能通过不正当竞争打压中小企业，甚至将它们排挤出局，这显然会破坏市场公平竞争秩序。

关于负外部性，让我用个例子解释：某化工厂每年都有丰厚的利润，但它排放废水废气，令周边居民深受其害。化工厂这种对他人造成的损失，称为“负外部性”。而要纠正这种负外部性，市场却无能为力。

在经济生活中，信息不对称现象随处可见。二手车市场就是典型例子。买家不如卖家精。由于有的卖家常常以次充好，竭力掩藏车的缺陷，而买卖双方之间信息不对称，则会造成市场“逆淘汰”，劣质车可以先卖出，而质量相对好的车反而被积压。

公共品导致市场失灵，是由于公共品消费不排他，故难以判定别人是否消费过该产品。比如你投资建路灯，为过往行人提供照明，行人享受了路灯服务，照理应该付费。可如果你去收费，也许他会说自己走这段路根本不需要路灯，而你又无法作出判别。由此造成的后果，是再没有人愿意投资建路灯。

收入分配不公，是市场分配制度的副产品。市场经济的分配规则，是按生产要素贡献分配。在收入初次分配中，稀缺要素拥有者的占比会高，非稀缺要素拥有者的占比会低。而在现阶段，资本相对稀缺，劳动力供过于求，如此很容易出现贫富悬殊，甚至两极分化。

政府角色转换

市场存在缺陷，当然需要政府纠正。那么，政府应担当什么样的角色呢？

200多年前，经济学鼻祖亚当·斯密认为，政府只需当好“守夜人”，晚上别人睡觉的时候，出来打一打更，看一看门，报一报“平安无事”就可以了。而到了20世纪30年代，凯恩斯认为政府责任更大了，要管的事也更多了。这个时候，看门的老大爷变成了居委会老太太，不仅要协助民警维护治安，遇上邻里纠纷、婆媳吵架，还得出面调解，并对生活困难的家庭给予救济。

20世纪70年代，福利国家兴起后政府就更忙了，从摇篮到坟墓，社会生活的各个方面都要管。相比之下，这个时候的政府更像一个家庭保姆，而且是受气的保姆，经常遭受各方面的批评。富人抱怨，政府是在惩罚成功者，把大量的钱从他们手中拿走，去救济他人；而同时穷人也在嘟囔大头皮鞋，说政府缺乏同情心，允许富人们花天酒地，却对他们生活水平的降低无动于衷。

如果说，福利国家政府扮演的是保姆，那么改革开放前我们的政府担当的是家长。从油盐酱醋、针头线脑，到职工的生老病死、住房医疗、入学就业等，都在政府职责范围之内。不过，经过40多年改革开放，我们成功建立了社会主义市场经济体制，政府多次转变职能，现在已成为服务型政府。

关于服务型政府，弗里德曼在他著名的《自由选择》一书中写道，政府职能主要有四项：保证国家安全、维护社会公正、提供公共品（服务）、保护那些“不能对自己负责”的社会成员。

财政作用边界

以上四项职能，皆属于社会公共管理的范畴，政府要实现这些职能，首先借助的是财政手段，这样就决定了现代市场经济条件下的财政定位，是公共财政。换句话说，公共财政是财政发挥作用的边界。

将财政定位于公共财政，有两层政策含义。

第一层含义，在公共服务领域，财政要充分发挥作用，因为在维护国家安全和社会公正等领域，除了财政，其他任何私营机构和个人都没有财力承担，因此，这类职责财政责无旁贷。

第二层含义，在私人品（生产）领域，应让市场起决定性作用，财政要甘愿当配角。只有当市场失灵的时候，财政才应出手相助。不然手伸得过长，管得过宽，资金如“天女散花”，不该投的项目投了不少，该投的项目却又投入不足，用非所长，结果好心会办坏事。

具体讲，财政的作用主要有以下四方面。

——财政通过对全社会收入进行再分配，可以调节贫富差距，促进社会公平。例如，建立超额累进的个人所得税制度，让富人多缴税，国家便有财力照顾弱势群体，缩小收入差距。

——财政再分配有利于改善资源配置，优化产业结构。比如，政府对环保产业实行税收减免，对污染环境的产业提高税率，赚钱的砍头生意有人做，赔本买卖没人干，投资者为追求利润最大化，便会放弃污染产业而转投环保产业。

——对经济周期实施“逆调节”，促进经济平稳增长。

比如在经济繁荣时期，企业利润与居民收入增加，政府对其征收累进所得税，不仅财政收入会增加，而且一定程度上可抑制经济过热；在经济萧条时期，政府实行减税，可减轻企业与居民的税收负担，推动经济复苏。

——推动科技创新。科技创新水平体现一个国家的国际竞争力，也是决定一个国家的国际地位的重要因素。落后就要挨打，所以，推动科技创新也是国家财政的重要职能之一。

对财政的作用，后面我会分别介绍，这里就不展开解释了。

思考题

财政为何定位于公共财政？其政策含义是什么？财政应发挥哪些作用？

第2节　促进公平分配

公平分配一直是社会关注的焦点，当年马克思在《资本论》中预言资本主义制度终将被新制度替代，理由就是资本主义分配会导致两极分化。我国是社会主义国家，应当更加重视分配公平。

分配公平是人心所向

分配公平至关重要，也是人心所向。美国著名学者罗尔斯在《正义论》中曾举过一个例子，把一群人送到一个远离现代文明的孤岛，让他们一切从零开始，谁也没有财产，也不知自己未来如何，这样由他们就分配制度设计——均等分配还是差别分配作协商，结果会怎样？罗尔斯断定，多数人会选择均等分配。

这虽然是个假设的例子，但罗尔斯的推定不无道理，人类社会早期就是均等分配。

英国经济学家庇古也主张均等分配。他给出的论证是：穷人的一元钱要比富人的一元钱效用大。对富人来说，多一元钱不过是锦上添花，少一元钱也无伤大雅；可对穷人来说，多一元钱是雪中送炭，少一元钱则可能影响生存。这样将富人收入转移一部分给穷人，社会福利会增大。

20世纪前半期，庇古的这一观点广受关注，并曾影响过西方国家的政策。当然其间也有不少人批评，理由是公平与效率同等重要，不能顾此失彼。若只强调公平不重视效率，长此以往，经济发展会停滞，最后富人也会变成穷人。

其实在庇古之前，意大利经济学家帕累托就提出过关于福利优化分配的最优状态。在帕累托看来，福利分配的最优状态，是指在既定分配状态下，任何改变都不可能使至少一个人状况变好，而不使任何人状况变坏。通俗地讲，若不减少一个人的福利就无以增加另一个人的福利。

帕累托还指出，福利分配除了最优状态，同时也存在次优状态，即不减少任何人福利仍可增加某人的福利。此情形也称“帕累托改进”。而且帕累托强调，只有“改进状态”的收入调整，才可照顾公平，也兼顾效率。

负所得税方案

促进分配公平，财政可以补贴低收入者，问题是怎样才能让补贴有效率。弗里德曼曾提出一个设想，即采用负所得税方案予以补贴。

负所得税的计算公式是：

负所得税（财政补贴）=社会贫困保障线－个人实际收入×负所得税税率

个人实际可支配收入=个人实际收入+负所得税（财政补贴）

弗里德曼说，财政用这种办法补贴低收入者的最大好处，是使补贴同时兼顾了效率，可以鼓励贫困者通过勤奋劳动实现脱贫。

请看下面的例子。假定政府规定的贫困保障线为1000元，负所得税税率为50%，若某人的实际收入为1000元，按上面的公式算可得补贴500元，最后个人可支配收入（实际收入加补贴）为1500元；若实际收入500元，可得补贴750元，个人可支配收入为1250元；若实际收入为零，则可得补贴1000元，个人可支配收入也只有1000元。可见，实际收入越高，最终个人可支配收入也越高。

从供给侧发力

照顾低收入者，政府可从需求侧给予财政补贴，但更应该从供给侧发力，补贴低收入者发展生产。请看下面三个真实的例子。

案例一：某村东西两头住着两户人家，村东那家男主人外出务工多年，前年用务工收入在县城买了套房子，可没钱装修至今未能入住。村西那家男主人这些年一直游手好闲，不务正业。去年底他家被确定为贫困户，政府给他买了房子，还做了装修。村东那家于是觉得不公平，质问县干部：扶贫到底是鼓励勤劳还是鼓励懒惰?

案例二：某乡有两人是堂兄弟，堂兄遵守国家计生政策，只生一个孩子，加上夫妻俩勤俭持家，生活温饱无虞。而堂弟却违反国家计生政策，一气生了四个孩子，由于负担重，生活非常拮据。年初堂弟被确定为扶贫对象后，政府给钱给物，一下子日子过得比堂兄家还滋润。于是村里人议论：这样扶贫岂不是鼓励人们违反国家政策？

案例三：某老人有三个儿子，三个儿子皆有固定收入，而且都在县城买了房。五年前，三个儿子已将老人接到县城同住。可当地扶贫政策出台后，为享受扶贫政策，三个儿子又将老人送回乡下。由于乡下房子年久失修，破败不堪。有一次上面派人检查，看到老人住着破房子而未被列入扶贫对象，于是立即责令当地政府整改。有人问：这不是鼓励人们争当贫困户吗？

可见，财政从需求侧补贴低收入者，针对的是消费需求，属于“输血型”扶贫。与需求侧扶贫不同，从供给侧补贴则属于生产性补贴，是立足于“造血”。为此，政府应重点做好三件事：一是为农民资产确权；二是投资改善农村基础设施，推动农民资产升值；三是引导农民将财政补贴用于规模化生产，增加经营性收入。

综上所述，对财政促进分配公平，我们可以得到三点启示：第一，是否公平分配事关人心向背，防止两极分化是政府义不容辞的职责；第二，调节收入分配应优先“帕累托改进”，不存在外部负效应的分配改革应尽快推进；第三，财政补贴要立足“造血”，将收入蛋糕做大。

思考题

财政分配怎样在促进公平的同时体现效率？你有何具体政策建议？并说明理由。

第3节　优化资源配置

生产决定分配。一块蛋糕只有一两，无论怎样切也切不出一斤。所以要改进社会福利，必须先做大蛋糕，增加国民收入。而增加国民收入的关键，就是要人尽其才，物尽其用，使资源得到最优配置。

优化资源配置的条件

从理论上讲，优化资源配置有三个条件：交换的边际替代率相等，生产的边际转换率相等，交换的边际替代率与生产的边际转换率相等。只有同时满足这三个条件，资源配置才是最优。

经济学有个边际效用递减规律，说一个人若消费偏好不变，消费某种商品的数量越多，他从增加消费的单位商品中所得到的效用会越小。当某商品边际效用降到一定程度，人们就不会继续消费该商品而转去消费其他商品。这种增加消费一单位商品与放弃另一商品的比值，即为边际替代率。

何为边际替代率相等？举个例子：假设有甲、乙两个消费者，他们对商品效用的评价不同，甲认为一块面包可以代替两个苹果，乙认为一个苹果可以代替两块面包。如果甲用一个苹果换乙的一块面包，则甲得到一块面包相当两个苹果，边际替代率为2；乙得到一个苹果相当两块面包，边际替代率也为2。对所有消费者而言，若每一对商品的边际替代率相等，便是交换的最优条件。

再看边际转换率。所谓生产的边际转换率，是指企业新增投资与新增产出的比率。若企业生产两种产品的边际转换率不同，企业就会减少转换率低产品的生产，而扩大转化率高产品的生产。

比如用同量的投入，生产面包可得收益200元，生产苹果仅得100元，这样企业就会改变要素配置，多生产面包，少生产苹果。此道理也适用于企业之间，若甲企业使用同量资源可得收益100元，乙企业可得200元，资源就会流向乙企业。因此对所有企业而言，同量资源生产任何两种商品的边际转换率相等，是生产的最优条件。

资源配置分别满足交换的最优条件与生产的最优条件还不够，还需将两者结合起来，让每一对产品的边际转换率等于边际替代率。边际转换率反映的是生产效率，边际替代率反映的是消费者偏好。两者相等，说明生产结构与需求结构吻合，生产的产品符合消费者需求，既不会短缺，也不会过剩。

内化社会成本

资源配置如何实现最优？按照帕累托标准，最优状态是在既定分配状态下，任何改变都不可能使至少一个人状况变好，而不使任何人状况变坏。比如，某造纸厂耗费100万元成本，赚得了5万元净收入，同时它所造成的污染（负外部性）却使别人损失了6万元净收入。

从整个国家的角度看，全社会净收入不仅未增加，反而还减少了1万元。上面资源配置的这种状态，显然不是最优状态。

前面讲过负外部性。经济学说，产生负外部性的原因，是私人成本与社会成本分离，即企业只承担私人成本（企业内部的料、工、费），而不承担社会成本（负外部性造成的损失）。企业是市场主体，要追求利润最大化，如果可以不承担社会成本，它就会肆无忌惮，长此以往必与周边居民发生利益冲突。

怎样解决这个问题呢？可供选择的办法有两个：一是庇古方案，二是科斯方案。庇古方案的要点是，政府对工厂增加征税，将社会成本内化为企业成本。这样便可一石二鸟：

抑制具有负外部性的企业扩张，推动企业转型或技术升级；同时，政府也可用税收收入补偿利益受损者。

科斯方案的要点是界定产权。比如，政府不给予企业排污权，而将“社会成本”量化为排放指标，让企业去市场购买排放指标，否则不允许排放。这样，社会成本也可内化为企业成本。

科斯的意思很清楚，当某经济行为存在负外部性时，政府要做的并不是收税，而是要给行为人界定权利。但这里要指出的是，存在负外部性并不一定都需要政府界定权利。比如某投资商拟在某居民区附近建学校，学校建成后会造成周边交通拥堵，对居民有负外部性，可居民未必会反对，因为建学校虽有负外部性，但也会拉动周边房产升值，形成正外部性。

内化社会收益

某些投资项目存在负外部性，而有些项目也可能存在正外部性。所谓正外部性，即投资者的私人收益与社会收益分离，且其私人收益小于社会收益。

有个问题想问读者：过去我们的基础设施建设为何滞后？也许你会说：政府财力有限，投资不足。那么我再问：政府财力有限为何不让民企投资？也许你会答：不是政府不让民企投资，而是基础设施投资不赚钱，民企不愿投资。你的回答是对的。这一现象若用经济学解释，那是因为投资基础设施有正外部性，而投资者不能分享正外部性所带来的社会收益，所以才不愿投资。

这方面的例子举不胜举。几年前我到西南地区调研，座谈会上有位县委书记说，他所在的那个县盛产竹笋，市场对竹笋也有需求，可大山里不通公路，竹笋运不出来，农民有钱赚不着。我问，县里为何不帮助修路呢？他说，县财政没有资金。我问，为何不招商引资让企业修路？他说，修路虽可增加农民收入，可山区车流量少，投资修路的收益不高，企业不肯投资。

由此看，优化资源配置，鼓励企业投资具有正外部性的基础设施等一类的项目，政府就得有一套将社会收益内化为投资者私人收益的制度安排。要让修路的收益至少不低于社会投资的平均收益。

怎样才能将社会收益内化？最直接简便的办法，是政府对投资者给予财政补贴，比如贷款贴息、减免税费等。除此之外，近年来各地也探索出了一些由政府引导市场内化的方法。下面是三个不同的案例。

案例一：中部地区某县，县委、县政府决定在老县城的外围扩建新城区。可当时政府财力不足，无力投资基础设施，于是拟引进省内一家民企投资。该民企也表示愿意参与投资，但希望政府给予新城区部分土地开发的经营授权。经双方协商达成一致后，结果仅用三年时间就完成了新城区扩建。

案例二：西南地区某乡镇，过去是典型的穷乡僻壤，可如今山乡巨变，公路四通八达，基础设施一应俱全，为何会发生如此大的变化？原来，当地一家民企与农民联合成立了种植养殖专业合作社，企业用1亿元投资基础设施，而农民用土地入股，共同打造成农业旅游产业园。

案例三：这是一个在经济学界众所皆知的例子。养蜂人住在苹果园旁边。蜜蜂可为果树授粉，果树可供蜜蜂采蜜，养蜂人与果园主皆能享受对方所提供的社会收益，故双方互不收费。

为何会出现以上三种方式？原因是正外部性投资面对的约束不同。比如案例一，由于社会收益的受益人不确定，投资者若不能得到政府相应的经营授权，社会收益就无法内化。案例二，由于社会收益有确定的受益人，投资者便可与受益人进行股份合作，通过按股分红内化社会收益。案例三，由于两个投资者互为社会收益的受益人，社会收益可以互相内化。

思考题

财政在优化资源配置方面应发挥什么作用？对内

化社会成本与社会收益有何见解？并举例解释。

第4节 稳定经济增长

从历史上看，经济增长并不是一条直线，而是呈现出周期性波动的特征。在一个周期内，也有繁荣、衰退、萧条、复苏四个阶段，政府为了防止经济大起大落，保持经济平稳增长，就需要根据所处阶段的经济状况，利用财政政策进行相机调节。

财政扩张与财政紧缩

一般来讲，当经济处于衰退期和萧条期时，由于社会有效需求不足，产能与产品过剩，企业产品卖不出，资金不能回笼，再生产难以为继，于是造成大量失业。为了稳就业，政府会通过增加政府投资和消费，帮助企业去库存，让企业恢复正常生产。

然而难题在于，在经济衰退期和萧条期，政府税收也会因企业收入下降而减少，此时政府若提高税收，无疑是竭泽而渔，会令企业投资进一步萎缩。在这种情况下，政府通常选择实施扩张性财政政策（赤字预算），同时通过增发国债弥补预算缺口。

需要特别提醒的是，一个国家经济并不总是处于萧条之中，而是时而繁荣、时而萧条。因此，财政政策也不能总以扩张为基调，第二次世界大战后西方国家由于长期实施扩张性财政政策，结果到20世纪70年代经济陷入了“滞胀”，同时还使欧洲一些国家患上了“福利国家病”。

逆周期调节

有前车之鉴。如果财政政策长期扩张，赤字越滚越多，政府职能也会无限扩大。要消除高额财政赤字，政府别无选择，最终只能增加征税。而增加征税，则势必减少企业投资和居民消费。

事实确实如此。当年英国人在享受高福利的同时，也承受了高税收。1976年的统计数字显示，英国企业税后利润仅为8.5%，比同期北美国家低了7个百分点。而实行超额累进个人所得税，虽使英国人的收入更加均等化，但那些具有创新能力的人才和投资纷纷离开英国。到撒切尔执政时期，财政已接近崩溃的边缘。

是的，长期实施财政扩张政策的确弊大于利，而可取的选择，则是根据经济繁荣与萧条的更替，交替运用紧缩性与扩张性财政政策，对经济实行逆周期调节：在经济萧条期，实行扩张性财政政策，政府可通过赤字预算增加开支，降低税率，以扩大社会总需求；在经济繁荣期，政府则要压缩开支，提高税率，形成预算盈余。

据此分析，既然经济萧条期有预算赤字，经济繁荣期有财政盈余，那么，政府就能用繁荣期的财政盈余去填补萧条期的赤字。这样从一个经济周期看，财政预算仍可保持平衡。

积极财政政策

积极财政政策是1998年由中国政府提出的。一个时期以来，不少人认为积极财政政策就是扩张性财政政策，甚至有人将中国的结构性减税等同于美国里根时代的减税。其实，我国实施的积极财政政策与迄今为止的西方财政政策存在根本区别。

区别一：着力点不同。扩张性财政政策的着力点在需求侧，积极财政政策的着力点在供给侧。比如2019年中央提出的财政政策举措：适度提高赤字率，加大政府调控力度；更大规模减税，坚持普惠性减税与结构性减税并举；优化财政支出结构，进一步调整供给结构；有效发挥地方政府债券作用，积极防范化解地方债务风险。

以上举措无疑都是从供给侧发力扩大国内需求，但目标取向主要是针对结构问题，通过改善供给结构更好地满足需求，拉动需求。

区别二：手段不同。对政府扩大投资来说，至少有三个手段：一是赤字预算（发行国债），二是加税，三是减税。而实施积极财政政策的主要手段，既不是扩大预算赤字，更不是加税，而是减税。

我们知道，政府发债与减税之间存在相互消长的关系。政府发债（或者加税）会挤占企业投资；而减税在增加企业投资的同时，会减少政府投资。而企业作为市场主体，对市场信号反应更敏感，对调结构来讲，扩大政府投资就不如扩大企业投资。而要扩大企业投资，政府必须减税。

区别三：减税方式不同。积极财政政策主要手段是减税，但又不同于美国里根时期的减税。里根执政时期所推行的是全面减税，而我国实施积极财政政策则是结构性减税。全面减税虽可扩大企业投资，但无助于解决结构性问题，因为企业减税呼声最高的时候往往是经济萧条期，经济萧条表明生产已经过剩，此时减税对生产过剩不仅会百上加斤，而且还会进一步加剧结构性矛盾。

从中国的现实观察，2009年为应对国际金融危机，我国政府便开始减税，而且十多年来，一直都是坚持结构性减税。比如2019年国务院公布的减税方案：制造业行业的增值税税率从16%降至13%；交通运输业、建筑业等行业的增值税税率从10%降至9%；生活性服务业保持6%的税率不变。可见，我国减税对同一行业是普惠性的，而对不同行业却是结构性的。

思考题

怎样利用财政政策促进经济稳定增长？积极财政政策与扩张性财政政策有何区别？

第5节　支持科技创新

创新是引领经济发展的第一动力，国家当然要支持创新，但这并不等于所有技术创新都要由国家财政投资，相反，国家应该集中财力，重点支持关键核心技术创新。

关键核心技术是公共品

关键核心技术包括三方面的技术：一是基础技术、通用技术；二是非对称技术、“杀手锏”技术；三是前沿技术、颠覆性技术。财政为何要重点投资关键核心技术？习近平总书记指出，在这些领域，我们同国外处在同一条起跑线上，如果能够超前部署、集中攻关，很有可能实现从跟跑并跑到并跑领跑的转变。

国家重点支持核心技术创新，最根本的原因是关键核心技术属于公共品或具有公共品特性。

基础技术创新需以基础理论研究作支撑，而基础理论研究不同于应用型技术研发。应用型技术成果是商品，可以有偿转让；而基础理论研究成果却难以通过市场取得回报。如“万有引力定律”一经公布，使用便不排他，你使用不妨碍我使用，大家可同时使用，有谁会花钱购买“万有引力定律”呢？

“杀手锏”技术是事关国家安全的国防军工技术，国家安全是重要的公共品（服务）。已经讲过，政府的首要职能是维护国家安全。从这个角度看，支持“杀手锏”技术创新，财政责无旁贷；更何况“杀手锏”技术创新并不以营利为目标，成果也不能买卖，若财政不投资，“杀手锏”技术创新会力不从心。

所谓颠覆性技术，是指对传统产业具有颠覆性影响的技术。在某种程度上，此类技术其实也带有公共品特性。比如数码技术出现后颠覆了相机胶卷巨擘柯达，数码技术就属于颠覆性技术。颠覆性技术具有前沿性、超前性，创新成功不仅能带动国内产业转型升级，而且能提升国家核心竞争力。可是颠覆性技术投资大，风险也大，所以也需要国家予以投资支持。

这里要特别说明的是，财政重点投资以上三类技术创新，并不表示对其他创新就可置身事外。我们知道，政府财政是公共财政。对技术创新来说，公共财政的政策含义有两层：一是非公共品（服务）类的科技创新政府不必投资，此类创新应面向市场融资；二是政府应在科技融资平台、中试车间、技术专利权保护等方面提供公共服务，要为企业营造良好的创新环境。

推动成果转化

我国技术专利数已连续多年居全球之首，每年专利申报近百万件，得到的专利授权近20万件。然而应该看到，目前产学研脱节问题仍然存在：专利转化率平均不足20%，产业化率不到8%。所以，财政对推动科技成果转化也应该有所作为。

我国有些科技人员为何不重视成果转化？据一线科技人员反映，主要有三方面原因。

一是成果评价厚此薄彼。以资金来源分，科技课题有政府纵向与企业横向两类。我在湖南、云南等地调研时听科技部门负责人说，目前科研院所评职称往往重“纵向”轻“横向”。有科技人员抱怨，他所在单位评职称，没有国家课题近乎免谈。

二是财政大包大揽。改革开放以来，国家财政对科技投入增长了近百倍，特别是近10年来，财政投入平均增长

20%以上。这些资金大多以课题形式投给了科研院所。国家既发工资又拨科研经费，科技人员高枕无忧，自然不太关心科技成果能否转化。

三是公共服务平台短缺。目前科技成果难转化的另一原因，是“中试车间”等公共平台短缺。一项新技术成果从实验室到规模化生产通常需要中试，有数据说，新技术成果通过中试后，产业化成功率可达80%；而未经中试成功率仅30%。困难在于，建中试车间一次性投入大，使用率低，科研院所与企业谁也不愿投资建中试车间。

以上因素确实会影响科技成果转化，但并非关键原因。若说成果评价重“纵向”轻“横向”导致了产学研脱节，可一些有高级职称的科技人员为何也不重视成果转化呢？如果说财政包揽导致产学研脱节，欧美发达国家政府也投资科技研发，可人家的成果转化率为何能达到50%以上？至于中试车间，表面看是没人出钱，而背后真正原因是科技人员缺乏成果转化的动力。

前些年有学者分析指出，科技人员缺乏成果转化的动力，是因为分配机制不合理，确切地说，是科技人员未能分享成果转化的收益。以美国为例，1980年以前，美国联邦财政资助研发的技术专利权归政府所有，专利转让收益也归政府，当时美国的专利成果转化率仅为5%。1980年，美国国会通过了“拜杜法案”，将专利权下放给了研发机构，结果转化率一路飙升。

中国的情况与此类似。2007年以前，中央财政资助研发的技术专利权也归国家所有，2007年颁布修订后的《中华人民共和国科学技术进步法》后，国家将专利权下放给了科研院所。照理，我们的专利成果转化率应该提升，可现实却让人大跌眼镜。原来，国内的科研院所与美国不同，美国的研发机构是私人企业。而我们的研发机构是国家事业单位，专利权下放不过是“大锅饭”变成了“小锅饭”。

现在看来，推动科技成果转化有两个选择：一是转换科研院所“事业单位”身份，让其成为真正的企业；二是让科技主创人员参与分享专利成果转让收益。前者要改体制，后者相对容易些。中央早已提出“实行以增加知识价值为导向的分配政策，提高科研人员成果转化收益分享比例”。2015年国家颁布的修订后的《中华人民共和国促进科技成果转化法》对此也有相关规定，现在的关键是要抓落实。

加大财政支持力度

目前我国科技研发（R&D）经费投入规模已居世界第二，投入强度超过欧盟15国平均水平，但与美国、日本等科技强国相比仍有较大差距，今后应进一步完善财政投入机制，加大财政对科技创新的投入力度。

在保持和加大R&D经费投入的同时，要继续优化财政在基础研究、应用研究、成果转化方面的投入比例，要以支持关键核心技术创新为重点，其中，基础研究是关键核心技术取得突破的基本支撑，财政投入要确保优先安排。

财政重点投资关键核心技术创新，并不表示对其他技术创新就可置身事外。我们知道，政府财政是公共财政。对科技创新来说，公共财政的含义有两层：一是对非公共品类的科技创新不必投入或少投入，让此类创新面向市场融资；二是财政应在科技融资平台、中试车间、技术专利权保护等方面提供公共服务，为企业营造良好的创新环境。

为此，政府一方面要建立健全财政贴息、信用担保体系，运用税收减免、绩效奖励等方式，激发科技创新动力；另一方面，应鼓励地方财政设立科创基金和成果转化专项基金，通过财政贴息、信用担保以及减免税等措施，支持市场主体为科技成果转化搭建公共服务平台（如可循环利用的中试车间等），促进科技成果加速转化。

思考题

财政为何要重点支持关键核心技术创新？在推动科技成果转化方面，你认为还应该采取哪些具体举措？

第6节　中国财政体制改革

在本章最后一节，我要讲讲中国的财政体制。自新中国成立以来，我国财政体制从国家财政统收统支，到改革开放初期实行“分灶吃饭”，再到1994年实行“分税制”，经历了艰辛的改革过程。

财政“分灶吃饭”

新中国成立后的前30年，我们实行的是计划经济体制，与此相适应，财政体制则是国家统收统支。到“文化大革命”结束时，国内商品供给奇缺，财政濒临崩溃。1978年改革开放，百废待兴，在万千头绪中，政府首要的任务是充分发挥中央和地方两个积极性，迅速发展生产，改善人民生活。在这样的背景下，“分灶吃饭”的财政体制，于1980年应运而生。

所谓“分灶吃饭”，是一种形象的说法，顾名思义，就是大家不再围着一口灶吃大锅饭，而是分开，各自拥有独立的利益，谁产的粮多，下的米多，谁就能吃饱饭。这种财政体制，妙处在于能够鼓励大家努力扩大生产，增加地方财政收入。

若用规范的语言表述，“分灶吃饭”就是一种“划分收支，分级包干”的财政体制，其核心是“包干”，“包干”的前提是划清中央和地方的财政收支范围。按照当时的经济管理体制，整个财政收入分为三个部分。

第一部分，中央财政固定收入。其中包括中央所属企业的收入、关税收入和中央其他收入。

第二部分，地方财政固定收入。主要包括盐税、农牧业税、工商所得税、地方税和其他地方收入。经国务院批准，上划给中央部门直接管理的企业，其收入作为固定比例分成收入，80%归中央，20%归地方。

第三部分，中央和地方的调剂收入。收入分灶后，支出也要明确分开。中央的基本建设投资、中央企业的流动资金、国防战备费、对外援助的费用、中央级的事业费和行政管理费等由中央财政支出。地方支出的范围包括地方的基本建设投资、地方企业的流动资金、支援农业支出、地方各项事业费、抚恤和社会救济及地方行政管理费等。

明确收支范围后，核心的任务就是确定包干基数。凡是地方收入大于支出的地区，按比例上交；支出大于收入的地区，从工商税中按比例留给地方，收入仍然小于支出的，不足部分由中央财政给予定额补助。

过渡性改革方案

1980—1993年的14年间，财政体制先后在不同地区做过部分调整，但实质仍属于“分灶吃饭”的各种包干制。这种体制通过巨大的利益驱动，充分调动了地方积极性，使地方财政成为一级独立财政。然而“分灶吃饭”只是一种过渡性改革方案，因为收入划分的依据是行政隶属关系，很快就暴露出了它的弊端。

地方政府为了壮大自己的财力，一手抓税高利大的地方企业，一手搞市场封锁。各地皆心照不宣，纷纷出此绝招。而其比拼的结果是地区分割，重复建设日趋严重。中央财政收入要靠地方上缴，而地方政府对“分成收入”的征收却消极怠工，甚至搞财政资金体外循环。

中央与地方存在“信息不对称”，对上述问题中央财政要么不知，要么心知肚明而有苦难言。不仅如此，地方还想从中央财政那里多挖一块，于是争先恐后地“跑部钱进”，而且是软蹭硬磨，奇招迭出，那些年中央财政常常被逼得捉襟见肘。

到1993年，中央财政收入占全国财政收入的比重仅占22%左右，与发达国家50%—70%的比例相差甚远。中央财政囊中羞涩，想利用财政手段调节宏观经济，只能是心有余而力不足，有时为了解燃眉之急，不得不伸手向地方求援。

此外，“分灶吃饭”还有一大弊端，就是收支的确定用的是传统的基数法，即上缴或补助数额的确定，是以上一年或上几年的收支决算数为依据，因而，势必造成地区之间苦乐不均、鞭打快牛的结局。

分税制仍待完善

1994年，“分灶吃饭”完成了它的历史使命，退出了历史舞台，国家正式实行了分税制的财政体制。所谓分税制，是按税种划分中央和地方税收收入的一种财政体制。分税制的核心框架有两个：一是分税、分征、分管；二是实行规范化的中央政府对地方政府的转移支付制度。

按税种划分各级财政收入，国际上有完全和不完全两种形式：完全形式就是将蛋糕分为两块，一块归中央，一块归地方；不完全形式就是将蛋糕一切为三，一块为中央所有，一块为地方所得，还有一块由双方共享。目前我国采用的是第二种形式，即把税种划分为中央税、地方税、中央与地方共享税。

关税、消费税等为中央税。中央税税基大、税源广，能够确保中央财政收入的稳定增长，同时也有利于维护国家权益，调节宏观经济。增值税、企业所得税、资源税、证券交易税等为共享税，除此以外，其他则为地方税。

在“分灶吃饭”时期，中央财政收入依赖地方上解，分税制为了解决这一问题，曾分设了国家税务局和地方税务局两个机构，分别征管。国家税务局负责征收中央税和共享税，地方税务局负责征收地方税，两个系统并存了24年，至2018年，地税又并入国税系统。

由于将增值税的大部分和消费税划为中央财政收入，很快便纠正了地方政府盲目投资、重复建设的问题，优化了产业结构，提高了资源配置的效率。为了减缓改革对各利益主体的冲击，调节地区间的财力分配，既鼓励先进，又扶持欠发达地区，分税制还设计了规范化的中央政府对地方政府的转移支付制度。

改革永远在路上，分税制也需要根据经济发展变化进行调整。当前面临的突出问题是，在过去20年里，土地出让金收入几乎占到了地方财政收入的一半，而近年来房地产市场不景气，土地出让价格持续走低，某些地方财政已入不敷出。解决这一难题，还有待于对分税制做进一步改革与完善。党的二十届三中全会提出，推进消费税征收环节后移并稳步下划地方，这便是重大的改革举措之一。

思考题

国家财政体制改革有何经验教训？对当前处理好中央财政与地方财政的分配关系有何建议？

国家预算举足轻重

第二章
国家预算举足轻重

任何一个国家，政府都需对一年的财政收支做预算。国家预算在整个财政工作中具有举足轻重的作用，所以在介绍过财政职能与作用后，接下来就要讲国家预算。

第1节　预算体系与规则

看上去，国家预算与“皮包”风马牛不相及，但说国家预算起源于“皮包”却千真万确。有据可查：早在17世纪，英国议会就定期审议财政法案，财政大臣带着装满账单的皮包，到议会出席听证，久而久之，“皮包”便成了政府预算（budget）的象征性标志，人们说起“皮包”，也就很容易联想到政府预算。

普通老百姓居家过日子，往往会精打细算。岁末月初，总要对每年、每月，甚至每周的开销大体做个估算。比如花多少钱购车，送子女读什么档次的学校，给双方老人多少赡养费等。一个家庭尚且如此，一个主权国家收支大进大出，更需做好财政预算。

预算年度与预算层级

与其他预算相比，国家预算最为正规，要通过严格的程序，经立法机构通过后并正式予以公布，而且国家预算一经公布，便不能随意更改，要是没有特殊的原因，就得不折不扣地执行。

预算按照年度编制，预算年度一般为一年。但由于各国国情不同，预算年度也不尽相同。比较常用的有两类，第一类就是历年制，即从当年的1月1日到12月31日。采用历年制的国家很多，我们中国便是其中之一。另一类是跨年制，即跨越两个年度。比较典型的是英国，其财政年度始于当年4月1日，止于次年3月31日。

多数国家的政府分为中央政府和地方政府两级。与此对应，政府预算也分为中央预算和地方预算。原则上，一级政府对应一级预算，因此，在现代社会大多数国家都实行多级预算。

我国的预算体系也是由中央和地方两级预算组成。中央政府预算经法定程序批准后，作为中央政府的财政收支计划。地方预算按照行政区划，再分为各省预算、各自治区预算、各直辖市预算等。

地方各级总预算有两个组成部分：一是本级政府预算，二是汇总的下一级预算。举个例子，天津市是四大直辖市之一，它的内部既设区，如河西区、南开区等，又设置县。那么天津市的预算，就涵盖天津市本级预算、市辖区预算、县总预算三级。

依此类推，县下设乡，县的总预算又细分为县级预算和乡镇预算。需要指出的是，在我国各地乡镇发展水平不一，部分乡镇经济发展水平低，财政收支金额较小，内部机构设置也不完善，不具备建立独立预算的条件。这些乡镇经省、自治区、直辖市政府批准，可暂时不设预算。

通行的预算规则

不管哪一级预算，都必须科学合理。事实上，自从有了国家预算，各国一直都在不断完善。回溯过去300多年，为各国所普遍接受的预算规则至少有五条：公开性、可靠性、完整性、统一性、年度性。

我们知道，政府预算关系全体公民的利益，当然要公之于众，让每个老百姓都有知情权、监督权；可靠性是指预算要尽量合理，不能朝令夕改，否则就背离了预算设立的初衷；所谓完整性，则是指不能把预算做成两套，一套公布，另一套暗箱操作，即便是预算外收支，也应在预算中真实地反映出来。

何为统一性？在这里是指预算科目统一、口径统一、程序计算统一、数据填列统一。至于年度性，有两层含义：一是必须全面反映该年度的财政收支；二是预算编制内容仅限于本年度，不可眉毛胡子一把抓，将其他年度的收支编进本年度。

政府预算类别

迄今为止，政府预算有四种类别：单式预算、复式预算、绩效预算和零基预算。

直观地看，单式预算与复式预算的区别，主要在编表的数量不同。前者是一张表，后者则是两张或两张以上的表。单式预算的优点是简单明了，在一张表内收支状况一目了然，整体性很强，但由于不是按经济性质分列，不便于做宏观经济分析。

复式预算将全部收支分为经常性预算和资本预算，可弥补上述缺陷。经常性预算也称经费预算，其收入来源于税收和其他经常性收入，支出也用于经常性开支。资本预算也称建设性预算，收入为国债和经费预算结余，支出主要用于经济建设。相对单式预算，复式预算要复杂些，操作难度也大一些。

绩效预算，也称行动预算。具体做法是按政府职能分类，分别进行成本收益分析，然后在此基础上，最终敲定预算方案。这种方式有利于提高财政资金使用效率，但与复式预算类似，在操作上也有一定的难度。

零基预算我将在本章第4节作专门介绍，这里只简单解释概念。所谓零基预算，是指在编制预算时，一切从零开始，该花多少钱，或钱用在哪些方面，与上个预算年度无关，统统重新评估。

思考题

财政预算为何要坚持公开性、可靠性、完整性、统一性、年度性？政府预算有哪些类别？

第2节 财政收入聚敛千金

电视连续剧《走向共和》中有一个情节，国人看了无不震惊：当年李鸿章与洋人谈判，签订了丧权辱国的《辛丑条约》，按条约规定，我们要赔款4.5亿两白银，而清政府的财政收入，每年才8800万两，这样连本带利，至少需要39年才能赔清。

做出这等丢尽国格的事，一方面说明清政府软弱无能；另一方面也表明我们国力不济，落后就要挨打。人们常说，巧妇难为无米之炊。没米下锅，再能干的媳妇也只能看着全家人挨饿。同样道理，财政收入也是一个国家的经济实力与底气。

取之于民、用之于民

现代国家的政府职能，主要是“保卫国家安全、维护社会公平、提供公共品（服务）、助弱扶贫”四项。而政府履行这些职能，都需要花钱：保家卫国需要军费开支；维护社会公平需投资文教卫生事业；提供公共品（服务）和助弱扶贫，也要有资金做后盾。要是没有稳定的财政收入，政府会无法运转。

财政收入取之于民，也要用之于民。所以政府不能像守财奴那样，将金银财宝（财政收入）放到地窖里不用。财政收入是财政活动的一个环节，千金散去还复来，为了办好公共事业，政府所需要考虑的是，财政如何聚敛千金，为公众造福。

财政收入的载体，不同时代各有特色。自然经济时期，财政收入靠征收实物或劳务取得；封建社会，“布帛之征”“徭役之征”是财政收入的主要载体。随着商品经济的发展，充当固定等价物的货币出现了，于是财政收入转向以货币为载体。

对财政收入可以进行不同的分类。按收入形式划分，可分为税收、国有资产经营收益、国债、政府收费，以及罚没收入等其他收入；按经济成分划分，可分为国有经济收入、集体经济收入、非国有经济收入；按产业划分，可分为第一、第二、第三产业收入；按管理权限划分，又可分为中央财政收入、地方财政收入。

财政收入规模

衡量财政收入规模，有两个指标：一个是财政收入绝对量，另一个是财政收入相对量。前者指一定时期内的财政总收入，不过这是一个名义上的数量，看财政收入是增是减，不仅要看这个账面数字，还要扣除通货膨胀因素，否则不能推算出财政收入的真实变化。

财政收入规模相对量，也就是人们常说的“两个比重”。第一个比重，是财政收入占GDP的比重。这个比重在财政学中有一个专用名词——“国民经济的财政负担率”。它所反映的是政府和市场经济主体之间占有和支配社会资源的整体状况。

第二个比重，是中央财政收入占全部财政收入的比重。这个比重，体现的是中央政府集中财力的程度，所反映的是中央政府宏观调控经济的能力。

财政收入不是无源之水，其规模首先取决于一个国家的经济发展水平。美国是全球最大经济体，“9·11”事件后为了反恐设立了国土安全部，一下子就新增十多万人；在伊拉克战争中，参战将士的补贴也创历史最高，政府大笔一挥就办了，之所以如此牛气，是因为他们有庞大的财政实力。

同时，分配政策对财政收入也有影响。若国家想藏富于民，政府财政就得让利。20世纪80年代初，我国同时采取三大措施——提高农副产品价格、提高工人工资水平、对企业减税，那几年的财政收入年均增长仅1.2%，财政收入占GDP的比重也随之下降。

适度规模两大原则

懂水利常识的人都知道，水库蓄水量取决于水库的库容，而库容的设计则需考虑上游降水量、突发性洪峰变化、大堤抗洪能力，以及下游农业灌溉、生活用水需求等。同理，政府的财权则取决于政府的事权。政府事权越大，需要的财政收入就越多。

这里所说的政府事权，其实就是政府应该履行的职能。前面说过，政府职能仅四项。由此决定，财政收入并非多多益善。要知道，财政收入越多，虽然政府提供的公共品（服务）可以更多、更完善，但财政收入毕竟需从社会获得，羊毛最终要出在羊身上。若政府取之过度，其结果可能会弊大于利。

以税收为例，若政府征税的税率过高，令企业税负和消费者个人税负过重，这样势必会抑制企业投资和居民消费增长，而社会投资需求与消费需求转弱（或不足），则会导致经济发展减缓甚至停滞，长此以往，又会反过来减少政府的财政收入。

衡量一国财政收入规模是否适度，有两大原则：效率原则和公平原则。

效率原则是指财政收入既不过多，也不过少，既要保证社会资源充分有效利用，又能促进国民经济健康协调发展，而效率优先，则是在上述两个目标中间，寻找一个最佳的结合点。

至于公平原则，主要是针对税收负担而言。同样的财政收入规模，可以有不同的税收负担，如果一碗水端不平，对有些人施加压力，又给另一些人开小灶，那就有失公平，也会影响政府威信。

思考题

应该用什么指标衡量国民收入规模？决定国民收入适度规模的原则有哪些？

第3节　财政支出的公共性

政府财政的本质是公共财政，若把财政资金比作蛋糕，那么财政支出便是切蛋糕。而这蛋糕应该如何切？一个总的原则，是要体现公共财政的属性。

财政资金切分

具体就我国的财政资金来说，这个蛋糕通常被切分为五块：国防费、行政费、文教科卫事业费、社会保障费、经济建设费。

国防和行政，属于纯粹的公共产品，这两项费用支出，满足了政府行使职能的基本需要。国防费包括国防建设支出、国防工程开支、军事科研支出、各军兵种经常性开支、后备部队经常性开支、战争时期作战费用支出等。

政府要保证各机构正常运转，需要有必要的行政开支。

其中包括行政管理费（如人大机关、政府机关、政协机关等单位的开销）、公检法机关经费、武装警察部队经费、对外援助支出和外交支出等。

对各类行政开支，财政都会从严管理。行政费的使用管理程序：一般是先确定人员经费（也就是我们常说的“人头费”）以及办公经费的使用定额，然后在此基础上再实行收支统一管理、定额定项拨款，超支不补、结余留用。之所以作出这样的刚性规定，目的是控制行政经费不合理开支，杜绝资金浪费。

文教科卫事业费支出，在不同时期，会有轻重缓急之分。如改革开放初，我国基础教育是短板，需加大投入力度，故在进入21世纪的前20年间，基础教育支出增长了20.4倍，年均增速16.3%。2020年新冠疫情流行，暴露出公共卫生领域存在薄弱环节，政府又拨出大量资金，加大医疗卫生基础建设。

蛋糕的第四块，是社会保障支出。有人把社会保障形象地称为社会“安全网”和“稳定器”。社会保障制度产生于19世纪80年代的德国，德国试验成功后，便迅速在全球蔓延开，各国纷纷建立了社会保障制度。我国的社会保障制度是1951年开始建立的，之后逐步完善。特别是改革开放以来，政府对社保制度进行了一系列改革，而这些改革都有财政资金作支撑。

财政支出的第五块，是经济建设费用，包括基本建设支出、支农支出、城市维护费、政策性补贴等。按照上面介绍的顺序，经济建设费是最后一块，但却不是最小的一块。相反，它占财政支出的比重一直很大。在过去计划经济体制下，不仅涉及社会公益领域，还涵盖生产经营的各个领域、各个环节。

改革开放初期，我国基本建设支出在全国财政支出中，比例曾高达60%。今天随着市场经济体制的建立，政府职能发生了转变，但经济建设支出对政府稳定经济增长与就业，仍具有不可忽视的作用。

量入为出与量出为入

国家财政不可能取之不尽、用之不竭，因为财政收入增长要受经济增长水平、国民收入总量等多方面制约，因此，政府花钱要“量入为出”。一个好的政府，就好比是个好管家，拿着有限的钱，不仅要合理使用，而且要尽可能办更多的事情。

俗语说，吃饭穿衣看家底。政府要想成为好管家，一般而言，办事要量力而行，有多少钱才能花多少钱，必须确保财政收支平衡，即使在有条件通过信用形式增发货币扩大政府开支的情况下，也应坚持“以收定支”。

与“量入为出”相反，20世纪30年代凯恩斯提出了不同观点。他指出，为了扩大就业，政府不必墨守成规，财政预算也可“量出为入”，预算缺口可通过发行国债弥补。虽然当时经济学者对凯恩斯的观点多有批评，但今天多数国家皆存在预算赤字。

财政支出效率与公平

财政支出既要体现公平，也要注重效率。不过这里的效率，不是局部的微观效益，而是宏观社会效益，即“公共收益”。从财政学角度看，财政支出有一个重要前提：那就是政府等量的支出所带来的公共收益，要比私人出资带来的效益大；或者换个说法，获得同样的公共收益，财政支出要比私人支出少。

需要特别指出的是，财政支出所体现的公平，也是指“社会公平”。众所周知，市场经济追求效率优先，而对效率之外的东西，市场往往鞭长莫及。如果任由市场调节，政府完全袖手旁观，难免会出现贫富悬殊。而政府借助财政转移支付扶贫助弱，则可调节收入差距，让社会上更多的人有获得感。

思考题

财政支出如何体现公共财政的特性？财政支出所

体现的公平是指“社会公平”吗？

第4节 零基预算革故鼎新

世人对零基预算的功过，从其诞生之日起就褒贬不一。有人说它是兜售现代江湖骗术的“狗皮膏药”，也有人把它誉为包医百病的“灵丹妙药”。零基预算到底是怎么回事？为什么能引起这种反差至极的争论？

零基预算作为一种预算编制方法，起源于美国，最早可追溯到1952年。当时，人们在编制下一年度预算时，通常是把上一年的执行结果作为基数，但他们发现，这样做并不一定合理。

基数法预算的弊端

政府编制预算时，若以上年实际收支为基数，再考虑新年度可能发生的变化，即用基数法编制预算。这种编制方法存在的弊端是，某些项目已竣工，财政经费却照拨不误；某些项目执行一段时间后，工程量变小了，资金却照旧安排；而一些新的重要项目，却因财力不足无法启动。

举个真实的案例。20世纪20年代，比利时政府曾经设立了一个“橡树项目”，政府每年拿出一笔款项以帮助从国外引进橡树。由于每年的预算都是以上年为基础，因此“橡树项目”的资金每年都有安排。直到90年代，人们才惊奇地发现，“橡树项目”早已在几十年前就结束了。

这个案例也许过于典型，但告诉我们一个道理：如果以上一年执行数目作基数制定下一年度预算，长年累月，必定出现预算与现实脱节，甚至完全背离的结果。不仅如此，使用基数法编制预算，还会导致各预算单位饥饱不匀、苦乐不均。

道理很简单。首先，按基数确定下年度预算势必引发基数大战。“会哭的孩子有奶吃”，争基数、保基数会成为各预算单位的头等大事。其次，由于预算不是看项目本身的重要性而是看基数，财政资金分配难免不合理，也会降低资金使用效率。正是因为存在这种弊端，零基预算于是应运而生。

零基预算只看未来

所谓零基预算，是指在编制预算时，一切从零开始，该花多少钱，或钱用在哪些方面，与上个预算年度无关。也就是说不看过去，只看未来，看新的预算年度有多少事情要做。然后，对这些事情不管新旧，统统重新进行评估，并依据事情的轻重缓急编制预算，使有限的财政资金获得最佳的效益。

编制零基预算，通常有三步程序，第一步是确定决策单位。这里讲的决策单位，与我们所熟悉的预算单位有相似之处，比如对省、市、县的总预算，其决策单位就是其各个局、处、科。因此，有些地方编制零基预算就是直接将原来的预算单位转为决策单位，不再重新划分。

但对某个具体职能部门，决策单位与预算单位又有不同。如城市交通管理局，假定它有两项职能——交通管理、预防性巡逻，则把这两项活动确定为两个决策单位，也就是将原来的预算单位一分为二。可见，决策单位中的“单位”并不等同于日常生活意义上的单位，说白了，是指需要钱的地方、部门、项目、活动等。至于决策单位究竟如何确定，应具体看在哪一层次上编制预算。

决策单位确定后，接下来便制定一揽子决策。什么是一揽子决策呢？俗话说，条条大路通罗马，做任何事情总会有几套方案，每套方案投入资金不同，给人的满足程度也会不一样。如果我们列出了某套方案所需的资金以及所能达到的效果，便可称其为一揽子决策。因此，制定一揽子决策，就是提供多套可选择的方案。

举个例子。某地要修建一座公路大桥，有3套方案：修一座两车道大桥，需要资金6亿元，与目前的轮渡相比，车辆运行速度大大加快，但高峰时期会塞车；修一座四车道大桥，需要追加资金2亿元，能保证车辆畅通无阻；修一座六车道大桥，需要追加资金3亿元，不仅能确保目前车流量情况下的快捷运行，而且能满足将来车流量增加1倍的需要。

项目负责人将上面3套方案按由低到高的顺序开列出一张清单，然后呈报给决策部门。最后大桥是否修建，或者按哪套方案修建，则要由第三步程序——“排序”决定。

项目排序依据

决策者对呈报上来的所有方案排序，既要对所有项目分出轻重缓急，又要根据当年预算收入的总盘子，确定项目的资金分配。

例如，现在摆在决策者面前有两个项目：修筑防洪大堤与修建公路大桥。防洪大堤人命关天，理所当然要排在修桥工程的前面。假若整个预算收入为22亿元，而修筑防洪大堤需要资金14亿元，那么决策者就会根据余下8亿元预算，在修四车道大桥和六车道大桥中间画一条线。线上方案能通过，线下方案被取消。

由于这条线决定方案的取舍与资金分配，故也称之为“生死线”。从上面的例子可以看出，划定生死线的依据，是预算年度可能获得的收入，其高低也许与上年持平，也许低于或高于上年，这样便可避免基数法预算无论丰年歉年，预算支出皆固定不变的尴尬。

零基预算当然也并非完美无缺，与按基数法预算相比，零基预算的编制十分复杂，不仅需要耗费大量的人力，同时也要求决策者面对众多不同的方案，能够慧眼识珠，准确排序，正因如此，也就给零基预算的推广带来了一定的困难。

思考题

基数预算有何弊端？零基预算有哪几道程序？分配项目资金的依据是什么？

第5节　转移支付调剂余缺

前面我已经讲过，财政分配需兼顾公平与效率。事实上，财政转移支付就是政府用于促进公平、提升效率的重要手段与方式。

人们看魔术表演，常常为魔术师神奇的技艺叹为观止。其实魔术师并不能点石成金，他们只是凭借快捷的手法，在人们眼皮子底下移花接木。所谓财政转移支付，就是政府把钱从一个口袋转到另一个口袋，虽然没有魔术的戏剧性效果，却能调整社会分配格局，促进经济协调发展。

转移支付模式

财政转移支付，既可在中央与地方政府间进行，也可在同级或上下级地方政府间进行。按照转移方向划分，财政转移支付有两种模式：一种是纵向转移支付，既包括上级财政的向下拨款，也包括下级财政向上级财政上缴；另一种是横向转移支付，即同级政府间的资金转移，如富裕地区向穷困地区提供资金援助。

当今市场经济国家已普遍实行分税制，哪些收入归中央，哪些属地方，各自的比例多少，都白纸黑字有明文规定。如果把中央和地方比作父子，分税制无疑可避免父子间的财务纠纷。而地方政府和地方政府之间，却像分家后的兄弟，有的丰衣足食，有的可能缺吃少穿。

中央对地方的纵向转移支付，如同父亲关心经济拮据的儿子。不过，父亲要想帮助儿子，自己也得留有后手，比如分家时，不能把家产分得一干二净。一旦有孩子上门求助，父亲把钱一拍，威风八面，这样他一家之主的地位才能稳如泰山。

有数据显示：美国的联邦财政收入，达到了财政总收入的60%以上；而日本的比例更高，超过了70%。如此高的比例，造成了中央与地方财政不平衡，这样，也就为财政转移支付埋下了伏笔。

纵向转移支付

财政纵向转移支付，一方面是为了支持欠发达地区发展经济，同时也是为了实现中央政府的某些特殊目的。比如某地区发生重大自然灾害，损失惨重，在这种情况下，中央政府就得通过纵向的财政转移支付，拨出专款帮助该地区的灾后重建。

中央财政对地方的转移支付会因时而变。在经济繁荣时，为了避免经济过热，中央政府通常会减少给地方的拨款。相反，在经济萧条时，由于各地政府收入减少，相应的支出会降低，这对不景气的经济无疑是雪上加霜，此时，中央政府会加大对地方的转移支付力度。

大凡做父母的，有时多少会有点儿偏心眼儿。膝下一群子女中，总有会讨父母欢心的，明里暗里，他从父母那里得到的好处也会多一些。地方政府要想从中央政府多要补贴，也得想方设法做一些让中央政府满意的事情。

举个例子。30多年前，山东省政府为了发展经济，秉承要致富先修路的思路，在省内大范围修路架桥，此举确实使山东人民受了益，外面的产品能引进来，自己的产品能运出去。与此同时，山东的交通顺畅了，也造福了周边的山西、河南、河北等省。

正因如此，中央政府财政转移支付也一度偏爱山东，且这种偏爱合情合理，没人反对。中央政府的目的，当然是激励地方政府更多更好地提供公共产品，当时有专家归纳出一个理论，叫作“粘蝇纸效应”。其意思是：较之地方自有财政收入，从中央财政获得的转移收入能带动更多的地方公共支出。

对财政横向转移支付的作用，也不可低估。一个国家地盘越大，国情就越复杂。历史状况、自然资源、人口分布、经济发展水平迥异，各地财政收入状况差异很大。邓小平曾提出“两个大局”的构想：改革开放之初，内地要服从大局，支持沿海地区优先发展；而沿海地区发展起来后，也要拿出力量带动中部地区发展。财政横向转移支付，便是推动东西互补的重要途径。

转移支付条件

财政转移支付受到了世界各国的垂青，并在实践中日臻完善。从资金用途看，转移支付可分为有无条件和有条件两类；从是否要求地方配套看，转移支付可分为配套和非配套两种；从金额大小的限定看，转移支付可分为封顶和不封顶两种。

上述转移支付的条件，往往融为一体，若再细分，还有六种形式，分别是：无条件拨款、有条件非配套拨款、有条件配套不封顶拨款、有条件配套封顶拨款、分类拨款、分项拨款。

无条件拨款不需作解释。所谓有条件非配套拨款，指的是拨款有两个要求，第一有条件，第二非配套。比如中央政府在西部大开发中，在某一时期补助西部地方政府，但补助限定在只能用于教育，但对地方政府的自有资金，却没有作要求。

所谓有条件配套不封顶拨款，有三层含义：一是有条件，二是配套，三是不封顶。仍以中央政府的教育拨款为例，中央政府要求只能用于教育支出，不得挪为他用；中央政府每拨付一笔经费，要求地方政府同样配套一定的费用；拨付资金没有限额。此类转移支付，就是典型的有条件配套不封顶拨款。

而有条件配套封顶拨款与第三种有条件配套不封顶拨款的唯一区别，就在拨款资金规定了最高限额（封顶），至于分类拨款还是分项拨款，两者并无本质不同，都属于“有条件拨款”。

还是以教育拨款为例，若中央政府只规定用于教育，至于是改善教学条件，还是提高教师工资，可由地方政府自行决定，这种情况属于分类拨款。而分项拨款，则是规定了明确用途，比如用于购买教学设备的资金，不能用于教师加工资。

思考题

中央财政转移支付的目的是什么？转移支付有哪些具体形式？请你结合实际对这些形式发表评论。

第6节　国债发行方式

为了弥补财政收支缺口，政府通常需发行国债。国债由国家发行，投资国债不仅风险小，而且收益又比银行储蓄高，所以备受投资者青睐。在西方国家，国债被誉为“金边债券”。

国债市场两个层级

私人之间借债，程序比较简单。往往找一个公证人或担保人，借方立个字据，签字画押（盖章）后，贷方便可交付借款。国家借债要复杂得多，必须通过国债市场，国库券才能流入投资者手中。

国债市场分为两个层级。一是国债发行市场，也称一级市场。中央财政通过一级市场，将新发行的国债销售给资金雄厚的投资者。与国债发行市场对应的是国债流通市场，也称为二级市场。

一级市场好比批发市场，二级市场则像零售市场。在二级市场上，那些一级市场的投资者，再将手中的国债转让、出售给更多的中小投资者。由此可以看出，一级市场是否顺畅，对国债的发行至关重要。

在我国，国债发行方式几经变迁。20世纪80年代，主要采用行政分配方式摊派发行。到了90年代初，便改为承购包销，重点是不可流通的凭证式国债。时至今日，已演变为四种方式：直接发行、代销发行、承购包销以及招标拍卖。

直接发行，指的是财政部面向投资者，直接销售国债。这种发行方式包含三种情况：一是各级财政部门或代理机构销售国债，单位和个人自行认购；二是摊派，即带有强制性的认购；三是定向私募，财政部直接向特定投资者（银行、保险公司、养老保险基金等）发行专项国债。

代销发行与直接发行正好相反，财政部委托代销机构负责国债销售。

承购包销，顾名思义，是指机构投资者先承购国债，只有包销出去以后，才能获利。倘若销售出了问题，那么未售出的部分，只能自己消化。目前世界上很多国家，都采用这种方式。

第四种方式，是招标拍卖。采取这种方式，国债认购价格或收益率都不由政府决定，而是在拍卖场上通过投标竞价确定。

竞争性招标和非竞争性招标

招标拍卖有两种方式：竞争性招标和非竞争性招标。竞争性招标，投标者把认购价格和数量提交招标人，出价高者胜出；非竞争性招标，类似于吃大锅饭，参加投票的投资者人人有份。

非竞争性招标在确定中标价格时，有两个规则："荷兰式"与"美国式"。"荷兰式"招标，指的是中标价格为单一价格，是投标人报出的最低价，且所有投资者都按照这个价格，分得发行份额。而"美国式"招标，中标价格为投标方各自报出的价格。

举个例子。假定有三个投标人A、B、C，他们投标价格分别是85元、80元、75元，那么按照"荷兰式"招标，中标价格为75元。倘若按照"美国式"招标，则A、B、C三者的中标价分别是85元、80元和75元。

我国从1996年开始，将竞争机制引入国债发行，而且从2003年起，财政部对国债发行招标规则作了重大调整，即在原来"荷兰式"基础上，增加"美国式"招标方式，确定"标的"的依据，依次是利率、利差和价格。

从国债开始发行那刻起，就有章可循。但在不同时期，人们对规则的理解各不相同。随着国债在各国的实践，很多旧的原则不再适用。而有些原则，却经过反复考验，得到了人们广泛认可。

以“景气发行原则”为例，此原则是指发行国债要根据社会经济状况，确保经济的景气。按照这一要求，那么国债发行者必须审时度势，相机抉择。经济萎缩低迷时，政府应发短期国债，短期国债流动性强，可在短时间内筹集资金支持经济回升。相反，经济过热时，应发长期国债，降低市场上的流动性。

国债限额管理制度

俗话说，好借好还，再借不难。国家发行国债也一样。在对国债规模的管理上，大多数发达国家所采取的是“国债余额限额管理”，这意味着，国会负责审定一段较长时期的国债余额限额，只要不超过限额，国会对国债发行一般不予干涉。政府在“限额”内，可自主确定每一年度的发行规模，而国债余额一旦超出限额，国会就出手干预。国会很像交通警察，你开车遵纪守法，就感觉不到他的存在；但如果你违反交通法规，或逆行或闯红灯，警察就会拦住你，并依法予以处罚。

在我国，对国债发行规模实行的是年度额度管理，即下一年度国债发行计划，通常在上一年第四季度编制。对国家财政预算收支情况的测算，是编制国债发行计划的主要依据。国债发行计划作为国家预算的一部分，上报国务院，由国务院在下一年3月的全国人大会上提请审议。一旦通过，国债发行计划就如同法律文本，具有法律效力。

倘若在年度内，国际国内经济形势发生变化，需要追加或削减国债，政府也无权随意为之，必须像修改法律法规一样，上报全国人大常委会，只有通过审议批准后，才能追加或者削减预算。

思考题

请你对国债直接发行、代销发行、承购包销以及招标拍卖等方式的利弊作分析。对国债为何要实行限额管理？

第7节　财政督查防微杜渐

自然界有一种生物叫马蝇。马蝇以吸马血为生，马被其叮咬之后，痛痒难忍，便会用尾巴驱赶。若是拂之不去，马就会发足狂奔，企图将其甩掉。结果呢，那些被马蝇叮过的马，不仅没有血尽身亡，反而由于不停地运动，生命力更旺盛。正是借鉴了这一自然现象，有人将财政监督称为“马蝇效应”。

预算监督挺在前面

不论在哪个国家，财政部门皆地位显赫。在政府机构中，财政部门就像“大内总管”，国库是亏是盈，家底是厚是薄，钱花到哪些地方，尽在掌握之中。在下级眼里，财政部门又被奉为“财神爷”，只要他大笔一挥，亿万资金顷刻到账，手轻轻一抬，又能免去数额可观的税费。

西方有一句名言：权力导致腐败，绝对的权力导致绝对的腐败。正因为财政部门权倾朝野，所以尽管各国社会制度不同，政权结构各异，但都将财政预算监督挺在前面，从严监管。

财政监督从上至下，可分很多层面。最高层次的监督，当属预算监督。这有点像《红楼梦》里写的，王熙凤负责荣国府所有人的吃穿用度，但总的开销账目，每年的结余亏空，都得据实向贾母请示汇报。

在美国，监督联邦政府财政预算的是国会参众两院。两院都设有预算委员会、拨款委员会，参议院还设了财政委员会，众议院设了筹款委员会。另外还有一些助理机构，如国会预算局、审计总署等。这些机构，有的负责审议总统的预算报告，有的负责制定拨款法案，有的对各级财政部门执行预算情况进行监督。

在我国，各级人大都设有专门委员会，负责预算审定、变更，以及执行情况督查。每年人代会上，财政部门都要做预算执行情况报告，接受人大代表的监督。

财政督查三条线

除了预算监督外，财政监督还可分三大块：税收征管与解缴、财务会计、国有资本金基础管理。为了确保监督到位，严防缺失，我国的财政监督分成了三条线。

第一条线，由财政部一竿子捅到底，在各地派驻中央财政监察专员办事处（2019年改名为监管局），其业务、经费、人事等，都由财政部垂直管理。这有点像古代的钦差大臣，手持尚方宝剑，明察暗访，铁面无私，处理问题毫不手软。

第二条线，是各级财政部门对下级财政机关财政监督实行业务指导。

第三条线，是在各级财政机关内部，设立专门的财政监督机构，他们专干一件事，就是财政检查，其工作对本级财政负责。也就是说，如果哪一级财政出了问题，先拿内设财政监督机构是问。

在实际工作中，财政督查有三种方式：日常监督检查、专项监督检查、全国财税大检查。

说到日常监督检查，有这样一则故事：古代一位财政官员去金库时，发现守库的人举止慌张，便上前搜身盘查，结果从他辫子里搜出一文铜钱，于是官员要将他砍头，而很多人认为判罚太重。官员说，罪犯在案发前已任职多年，“一日一钱，千日千钱，绳锯木断，水滴石穿”。如果他早来检查，其罪尚不足致死，可日积月累，小错成大罪，他性命难保矣。

目前我国的日常财政督查，天天抓，月月抓，年年抓，对预算执行情况、财政资金使用情况等，逐个单位、逐个环节地进行细查。这样做，归根到底是为了防微杜渐，以免千里之堤，溃于蚁穴。

财政专项监督检查，是日常监督检查的补充，其重点在于“专项”。如果把日常财政督查比作一个人伸开五指梳理财政执行情况，那么，专项督查则是攥起拳头，针对监督“断层”和“真空”，如“小金库”与“预算外资金”等实施督查。

财政督查的第三种方式，是全国财税大检查，始于1985年。时值改革开放初期，各项监督制度尚不健全。在当时的情况下，要想扭转财经秩序，单靠财政一家的力量无法做到。于是，中央政府决定将财政、税务、审计、物价等部门统一组织起来，开展集体行动，前后历时13年之久。

全国财税大检查参与单位多，检查范围广，收效十分明显。可组织如此大规模的检查，需调动千军万马，兴师动众，难免对日常工作会有影响。通过那次整顿后，全国财经秩序大大好转，财政、审计、税务等也都建立了相应的督查制度，可以说，全国财税大检查已完成历史使命。

财政监督与时俱进

财政监督体制，并非一朝建立便可一劳永逸。现阶段，我国财政管理已由直接转向间接、从微观转向宏观，财政监督当然不能因循守旧，必须与财政管理的变化相适应，与时俱进。

国家财政部向地方派驻监管机构，其实就是借鉴国外的做法。在完善财政督查机制方面，今后仍需博采众长，立足中国国情，对其他国家的有效经验予以吸收，并为我所用。

比如法国设立公共会计、财政监督专员、财政监察总署等专门人员与机构，对预算收支全过程实施监督检查；西班牙财政部下设国家行政预算监督总署，派驻全国进行监督管理。随着经济社会的发展，以及公共财政职能的延伸，如何把财政监督做得更好，以加强宏观调控，维护财税秩序，规范财政分配，有效防止腐败，这些仍是需要我们进一步研究的课题。

思考题

为何世界各国都重视预算监督？发达国家在这方面有哪些值得借鉴的经验或可吸取的教训？

政府税收取之有道

税收的性质与原则

税制“三加三”模式

税制结构各有千秋

税收负担与公平税负

避免国家间双重课税

中国特色的税管体制

第三章
政府税收取之有道

古往今来，税收都是国家强制征收的，是否需要缴税、缴多少税，既不由纳税人说了算，也不由税务部门决定。在法治社会，要通过立法对征税范围、征收比例作出明文规定，并且在税法面前人人平等，不管官员还是平民百姓，偷税漏税都要受到法律惩处。

第1节　税收的性质与原则

人们对税收并不陌生。企业开工点火，公司开张营业，股民买卖股票，消费者购房买车，儿女继承遗产，都免不了要缴税。可税收五花八门，名目繁多，让人感觉雾里看花。

不过，如果我们理解了税收的本质，就会发现税收其实并不复杂。

与国家相伴而生

汉朝学者许慎写过一本《说文解字》。他解释说："税"字系左右结构，左边为"禾"，右边为"兑"，"禾"指的是农作物，"兑"是交换的意思。那么顺而推之，"税"的字面意思，就是农民交纳粮食，用来换取国君对其土地和人身安全的保护。

照此解释，税收最早是发端于农耕社会。根据中国民间传说，早在5000多年前的神农氏时期，税收就产生了。当然，这只是一些学者的判断。另一种更广为人们所接受的观点，是税收与国家相伴而生，自从国家出现后，税收就走进了社会生活。

我国第一个奴隶制国家——夏王朝，建立于公元前21世纪，夏朝的"贡"即田赋，税率为农作物总收成的十分之一，这种后世诸朝纷纷仿效的"什一税"，被认为是我国税收制度的鼻祖。

在纳税人眼里，税收不像含情脉脉的少女，更像铁面无私的硬汉。之所以如此，是由税收的特性决定的。税收种类虽然很繁多，但其根本特征大致相同，即无偿性、强制性和固定性。

无偿性决定强制性

列宁曾有一句名言：赋税是国家不付任何报酬而向居民取得的东西。这里所说的不付报酬，指的就是税收的无偿性。正因为它是无偿的，所以缴税并非自愿行为，而是具有强制性。

比如我国刑法规定：以暴力、威胁方法拒不缴纳税款的，处3年以下有期徒刑或者拘役，并处拒缴税款1倍以上5倍以下罚金；情节严重的，处3年以上7年以下有期徒刑，并处拒缴税款1倍以上5倍以下罚金。

税收的无偿性与强制性，是针对具体纳税人而言的，而税收的固定性，则是对收税方即政府提出的要求。政府必须专门立法，对征税范围、征收比例等作出明文规定，税法如山，应保持相对稳定，决不能朝令夕改，巧立名目，随意收税。

税收这种特性，使它在财政收入中卓然独立，清晰可辨。拿征税与收费比较，税收可以无偿征收；而费用却不可以无偿收取，因为收费的本质是交换。只有当一方提供了劳务或资源使用权，受益方才需支付相应的代价，如环保部门收取的排污费，城建部门收取的地段租金，石油部门收取的矿区使用费等。

收费的特点是有偿收取，仅此一条，就与税收划清了界限。税收与国债之间，也是泾渭分明。国债不管是内债还是外债，终归是债。欠债还钱，天经地义。尽管国债表现为该时期的财政收入，但它必须用以后的收入偿还。而税收虽也属于财政收入，却不同于国债，无须偿还。

需要指出的是，税收具有无偿性，但并不意味着税率越高越好。美国经济学家拉弗曾在餐桌上画了一条开口向下的抛物线，用来表明税收与税率的关系。

当税率为零时，税收为零；当税率上升时，税收额逐渐增加。当税率增加到一定程度，税收额达到抛物线顶点，便是最佳税率。若再继续提高税率，企业会减少生产，政府税收也会减少。拉弗把超过最佳税率点的部分称为禁区，当税率进入禁区后，降低税率反而可以刺激企业生产，增加政府税收。

税收两大原则

公平和效率是税收的两大原则。公平原则，又内含“受益原则”与“纳税能力原则”两个次原则。受益原则，就是指受益多，交税多；受益少，交税少。也可以这样理解：受益相同，税收相同；受益不同，税收不同。而所谓纳税能力原则，则是指“横向公平”和“纵向公平”。前者指纳税能力相同的人，须缴纳相同的税；后者指纳税能力不同，缴纳的税不同。

税收的效率原则，是提高税收效率，一要使税收的征管费用最少，二要令征税产生的额外负担最小。

税收的征管费用，一般包括征税的行政费用，以及纳税者因纳税所产生的费用。税收部门征税费用，司法部门提供劳务折合的费用等皆属于行政费用。因纳税产生的费用，包括的内容较多，如纳税人付出的咨询费、填表的费用和时间等。

效率原则的第二项内容，是额外负担最小。对此需要作些解释：小张是个全职股民，唯一工作是炒股。可是国家政策有变，大幅提高股息税收，如此一来，小张很可能会把股金转化为消费，逃离股市。这种因为开征某种税收，对个人或企业投资产生的影响，便属于额外负担。

当然，任何税种都会产生额外负担，因此，效率原则强调的是“额外负担最小”，而不是为零。实际上，税收的两大原则常常是存在矛盾的，就像跷跷板一样，压低了这一头，便容易抬高另一头。而一个高明的政府，会努力在公平与效率之间找到恰当的均衡点，既把税收的积极作用发挥到极致，同时尽可能将税收的负面影响降到最小。

思考题

如何理解列宁讲的赋税“是国家不付任何报酬而

向居民取得的东西”？谈谈你对税收两大原则的理解。

第2节 税制“三加三”模式

从国际上看，税制一般都采用“三加三”模式，即由三种基本要素、三种一般要素构成。征税对象、纳税人、税率，是税制的基本要素；纳税环节、纳税期限、减免税，为税制的一般要素。万变不离其宗，税法内容会因国而异、因税而异，但税制“三加三”模式，却不因社会制度不同和经济条件变化而改变。

税制基本要素

税制的三种基本要素，若用疑问句表述则为：对什么征税、向谁征税、征多少税？其中，对什么征税是区分各税种。比如消费税，是针对消费品征税；房产税，是针对房产征税。征税对象不同，税种名称不同，税种性质不同。

同一征税对象，又涵盖很多具体品种，这些品种叫税目。以我国消费税为例，它下设15个税目，分别是烟、酒及酒精、化妆品、贵重首饰及珠宝玉石、鞭炮焰火、成品油、汽车轮胎、摩托车、小汽车等。列入税目的，则为应税品；反之，即使本身属于征税对象，也不作为应税品。比如茶叶本身是一种消费品，但由于没有在税目内，就无须缴纳消费税。

向谁征税，是界定纳税人。在法律上，能够成为纳税人的有两类：一为自然人，二为法人。所谓自然人，就是有民事行为能力的普通人，即通常所说的个人。法人，是相对自然人而言的，是社会组织的拟人化，是有民事行为能力的组织，如企业、社团等。

在实际操作中，纳税人并不直接交税，而是由单位统一上税。如个人所得税，相当一部分不是由纳税人到税务机关缴税，而是由其所在单位代扣代缴。纳税人所在的单位，是扣缴义务人，并不是纳税义务人，通俗讲，它是纳税人和税务部门间的桥梁。

这里有两个概念要澄清：负税人与纳税人。负税人有时候是纳税人，例如所得税，纳税人与负税人是同一个人。但在有些时候，纳税人与负税人并不耦合。举个例子，流转税（消费税、增值税、关税等），纳税人是企业，但企业可能把相当一部分的流转税负担，通过商品加价转嫁给消费者。在这种情况下，负税人本应该是企业，可却让消费者做了冤大头。

第三个基本要素，是税率。作为税额计算尺度，不仅关系国家财政收入，而且关系纳税人负担水平。正因为如此，税率成为税收制度的中心环节。我国现行税率，共有三类：比例税率、累进税率、定额税率。比例税率在具体运用上又变换为三种，即单一比例税率、差别比例税率、幅度比例税率。

假若一个税种只适用一个税率，则为单一比例税率。目前国内征收企业所得税，采用的就是这种税率。差别比例税率应用很广，是依据不同的产品，设置有差别的税率，例如在现行消费税中，摩托车税率为3%—10%，而化妆品为15%。另外，行业不同，税率也会不同，我们国内增值税税率设计，依据的就是行业。如制造业税率为13%，交通运输业为9%，生活服务业为6%。

税率的第二类，是累进税率。“累进”二字，是指税率逐层加码、水涨船高之意，即征税对象所得利润越多，纳税比率也就越高。各种所得税，一般采用累进税率。与比例税率、累进税率平行存在的是定额税率，也称作固定税额。比如，北京过去征收自行车车船使用税，每年为4元，并不区分何种自行车。

税制一般要素

如果说税制的基本要素搭建了税制的骨架，那么，另有三个一般要素，使得税制血肉丰满，臻于完善。前面说过，三个一般要素包括纳税环节、纳税期限以及减免税。商品从生产开始，到最终消费，要经历采购、批发、零售等很多环节，商品就像是接力赛运动员一般，从生产环节跑到商业采购环节，再沿路经过批发、零售等，最终才能到达消费者手里。

所谓纳税环节，指的是在哪里交税。根据纳税环节多少，分为一次课征税、两次课征税、多次课征税。以一次课征税为例，资源税中盐税的征收在盐出场环节，这就是典型的一次课征税。确定纳税环节，其实就是确定在哪个或哪些环节征税。

纳税期限，亦即纳税的最后时点，它包括时间界限或时限区间。这是因为，税款有按期缴纳的，比如2016年我国实行“营改增”之前，税法规定营业税，可以以1天、3天、5天、10天、15天、1个月为一期；也有按次缴纳的，如印花税要求在每次应税行为发生后缴纳。但不管按期还是按次，只要超过规定的时点，则要被处罚。

减免税规定，与纳税环节、纳税期限一道，构成税制的一般要素。按照具体内容划分，减免税可分为政策性减免税、照顾困难群体减免税。根据时间，又分为长期减免税、定期减免税。按照计算程序和方法，则又可分为直接减免和间接减免。直接减免是先依据正常情况计算出税额，之后按照一定标准减免；与直接减免顺序相反，间接减免是先从征税对象的应税额中扣除一部分，剩余部分再按正常税率计征。

税收负担要合理

判断税收制度是否科学，一个重要标准，是看税收负担是否合理。税制设计不科学，脱离实际，首先会从税收负担方面表现出来：要么税负过重，压得纳税对象不堪负担；要么税负过轻，税收征缴不足；要么厚此薄彼，税负分配苦乐不均。

实际上，基本要素也好，一般要素也罢，如果设计得当，都能发挥四两拨千斤之效；反之，若设计不当，搭配不合理，轻则形同虚设，重则适得其反，出现“恶税”“歧视税”等现象。

思考题

税制的基本要素与一般要素分别有哪些？判断税收制度是否科学的重要标准是什么？

第3节　税制结构各有千秋

如果把税制比作一个大家族，那么税制结构就像是家族的血缘关系图。它清晰明白地说明，在这个税收家族中，有多少税收大类，各大类中又细分为哪些税种，以及各税种的地位及相互关系。

三种不同类型

一个大家庭虽然子女众多，但通常会有一个或几个孩子是家里的顶梁柱。主体税，是在税制结构中占顶梁柱地位、起主导作用的税种。根据主体税种不同，税制结构有三种不同类型，即单主体税的结构、双主体税的结构、多种税并重的结构。

顾名思义，单主体税的税制结构，是以一种税为税收主体。比如，以所得税为主体的税制结构、以流转税为主体的税制结构、以财产税为主体的税制结构等。说到双主体税的结构，丹麦、德国、荷兰、爱尔兰、波兰、巴西等国，包括我国，实行的就是这种结构。以上这些国家中，这两个主体，分别是流转税和所得税。至于多种税并重，目前很少有国家采用。

国家经济发达程度，会直接影响税制结构。一般而言，在发达国家是以所得税为主体；而在发展中国家，则以流转税为主体。各国的税收实践表明，随着人均国内生产总值提高，所得税在总税收中的比重会逐步上升，而流转税则会随之下降。

迄今为止，以所得税为主的这些国家几乎是经济发达国家，而且在它们的税收总收入中，所得税占比遥遥领先。同时，伴随着社会保障制度日臻完善，社会保障税这个昔日不显山、不露水的税种，在税制体系中也渐渐跃升为主体税种之一。

在发展中国家，目前流转税仍然是主体税。有数据显示，在130个国家中，有高达89个国家（主要是发展中国家），以流转税为第一大税种。比如2021年，我国流转税占税收总额的60%以上。

两种主体税各有利弊

以所得税为主体的国家，个人所得税是重中之重。其主要原因，是发达国家个人收入较高。这些国家为了增加政府财政收入或调节社会再分配，大多采用了高额多级累进税率。可相对于征收公司所得税，个人所得税的征缴难度也大，要做到应收尽收，必须有完善的制度作保障。

不过经过多年的探索，发达国家已经建立了较为完善的个人信用制度，个人所得税征收不仅细致严格，惩罚措施也非常严厉。2001年11月，意大利总理贝卢斯科尼被正式起诉，就是由于他名下的菲宁威特集团涉嫌偷税漏税——连总理都因个人所得税吃官司，恐怕没人吃了熊心豹子胆，敢跟税法较劲。

经济和社会发展把所得税推到了显赫高位，但并不意味着以所得税为主体的税制结构就完美无缺。也并不能说，以流转税为主体的税制结构就一无是处。所得税主要针对所得征税，其突出优点是税收公平。因为所得税是一种直接税，税负不易转嫁。而且，它以“所得”（净收入）为课税对象，如果净收入少，可以少交税，若净收入为零，则可以不交税。

当然，除了公平，所得税还能为国家积聚财力。随着经济发展，个人收入与企业所得会增加，针对个人和企业所得的税收，当然也会增加，这样就可为国家财政源源不断地输送财富。

但这种以所得税为主体的税制结构，也存在一些弊端。其中最主要的一点，由于所得税税率是逐级累进的，收入越高，适用税率也就越高，这样会让那些高收入者（纳税人）感觉吃亏。他们甚至会想，自己与其被政府征重税，不如适可而止、选择“躺平”。如果人人都心存此念，势必要影响经济发展。

以流转税为主体的税制结构，同样也是有利有弊。其优点在于，针对商品流转征税，税基更宽，税源更稳定。但所存在的弊端是，不管经营者是否盈利，只要涉及商品流转，都得按相关税种缴税，这显然不利于税收公平。如果说累进所得税是“鞭打快牛”，那么，流转税则是不问收益状况，搞“一刀切”。对经营困难的纳税对象来说，不免有落井下石之嫌。

税类及其税种

无论是哪种类型的税制结构，都包括税收大类和具体税种。分类依据不同，税收类型也差异很大。最常见的分类，是按照性质和作用确定归属。在这种划分依据下，税收大类分别是流转税类、所得税类、财产税类、行为税类、资源税类、特定目的税类、农牧业税类等。

所谓流转税类，是以商品流转额为课税对象的税类。在现行税制中，流转税有：增值税、消费税、关税。

所得税类，也叫收益税，课税对象为各种所得额，包括企业所得税、个人所得税。

财产税类包括房产税、城市房地产税、遗产税（我国暂时没有开征）等。

而有一类比较难以理解的是行为税。这里的行为，不是一般意义上的行为，而是针对特定的行为征税。在税收大类中，行为税类有车船使用税、车船使用牌照税、船舶吨税、印花税、证券交易税等。

至于资源税类，当然是针对资源开发征税，这些资源包括原油、天然气、煤炭、金属矿产品和非金属矿产品，以及城镇土地。按照目前的税制，资源税类只有两种，分别是资源税和城镇土地使用税。

容易与行为税类混淆的是特定目的税类，主要包括城市维护建设税、耕地占用税、土地增值税、车辆购置税、社会保障税（我国尚未立法开征）。这些税种的出现，是为了达到特定目的，针对的也是特定对象，如土地等。

最后一类，农牧业税类，包括农业税（含农业特产税）和牧业税两种。从2006年1月1日起，中国已免征农业税。

正如政府机构改革一样，在不同时期，会有不同的部门设置；随着政府职能的转变，税制结构也会因时而变。例如21世纪初，车辆购置税被列为流转税类，可后来却成了特定目的税类的家庭成员；而原来与流转税类、所得税类平起平坐的关税，现在被划入了流转税类。可以肯定，税制结构今后还会调整，但不管怎样调，总的原则是要体现效率、促进公平。

思考题

为何发达国家是以所得税为主体税，发展中国家则以流转税为主体税？谈谈这两种主体税各自的利弊。

第4节 税收负担与公平税负

前面已经讲过，税收是国家从纳税人手中强制征收而无偿取得的收入，对纳税人来说，税收自然是一种负担。因此不管是纳税一方还是收税一方，不仅关心税负是否合理，而且关心税负是否公平。

税收负担率

对税收负担可以进行不同的划分：从纳税人角度分，可分为居民个人税负、企事业单位税负；从税制结构分，可分为流转税税负、所得税税负；从税负实际归属分，可分为名义税负和实际税负。

需要说明的是，所谓名义税负，是指税法规定的税负；而实际税负，是纳税人的最终税负。两者并不一定相等。比如，政府向某企业收税，而该企业又通过商品提价，把一部分税负转嫁给消费者。这样，企业的实际税负会低于其名义税负。

对纳税的一方来说，他们当然希望税种越少、税率越低越好；而政府既不希望财政入不敷出，也不愿让纳税人因税负过重而减少生产，导致经济萎缩。那么如何确定合理税负的“边界”，就成了政府与纳税人共同关注的焦点。

衡量税负轻重，有两个标准：绝对数标准和相对数标准。绝对数，指的是税收负担金额；而相对数，是税收金额占课税对象的所得、收入、财产等的比重，也就是税收负担率。与绝对数相比，相对数更宜于比较课税对象税负高低，因此，被政府作为制定、调整税收政策的主要依据。

在实际应用中，税收负担率可转换为宏观（总体）指标和微观（个体）指标。宏观税负以社会总产出来计量。目前，国际上通行两种总量指标，即国内生产总值（GDP）和国民收入（NI），因此，税收负担率总体指标也就有两个：一是国内生产总值税收负担率，二是国民收入税收负担率。

国内生产总值税收负担率，是一定时期（通常是一年）一个国家税收总额占同期GDP的比重。而国内生产总值，包括所有产品和服务。因此，国内生产总值税收负担率，反映所有产品和服务负担税收程度。此指标有大中小三个衡量口径：大口径，是政府总收入在GDP中的比例；中口径，则是财政收入占GDP中的比例；而小口径，指的是税收收入在GDP中的比重。

第二个宏观指标，国民收入税收负担率，是税收总额占国民收入总值的比例。国民收入与国民生产总值不同，指的是一个国家在一定时期内物质生产部门新创造的价值。由此，国民收入税收负担率，反映了新价值的税负程度。从这个层面看，国民收入税收负担率，比起国内生产总值税收负担率，更能说明国家的税负状况。

与宏观税负指标相对应，微观税负指标专注于个体和细节，即从单个纳税人、单个税种的角度衡量税负水平。若不存在税负转嫁，可采用纯收入直接税负担率——个人税负占纯收入的比例来表示。同时，也可用全部税负率（总产值税负率、增加值税负率、净产值税负率等）作为参考性指标。但应该清楚的是，在存在税负转嫁的情况下，全部负担率就不是实际负担率，而只是名义负担率。

决定税负的因素

确定税收负担率，通常需要考虑两方面因素：经济因素和税制因素。经济因素包罗万象，涉及经济生活的方方面面，包括经济社会发展水平、国家财政收支状况、宏观经济政策、对外经济贸易情况等。

以经济社会发展水平为例，世界银行的调查资料表明：

经济越发达，人均GDP越高，社会供给越充分，税基也就越宽，纳税人税收承受能力越高，税收负担越高。宏观经济政策也会影响税负，倘若经济增长过热，政府往往会采取紧缩政策，提高税负水平；反之，如果国内需求不足，投资增长乏力，政府便要降低税负。

影响税负的第二个因素，是税制，包括税收征管水平、纳税人法制观念等。一个国家，假如税收征管水平低，那么在制定税收政策时，就要慎重考虑税种、税率设置是否恰当，能否做到应收尽收。否则，所开征的税种只是“聋子的耳朵——摆设”，该收的税征不上来，不仅落下个“税太多”的埋怨，还会影响国家的财政收入。

国际经验表明，税收政策的核心是税收负担。在一定意义上讲，税制的设计，就是税负的设计。英国经济学家哥尔柏说：“税收这种技术，就是拔最多的鹅毛，听最少的鹅叫。”此话不免有几分揶揄，但很形象。的确，政府制定税收政策必须在国家财政需要、纳税人的负担能力之间寻找一个合适的平衡点。

读者想想，如果税负过高，虽然国家财政收入有保障，但会挫伤纳税人的生产积极性；如果税负太低，纳税人举双手赞成，但国家财政会入不敷出。而让两者皆能接受的平衡点，就是合理负担点。

税负设计的另一个原则，是公平税负。这里所说的公平税负，是指对处在同样税收环境的所有纳税人，应一视同仁，都得执行同等的税收政策，不能搞区别对待。如果让有些企业或个人游离在税收之外，或者同是纳税人，待遇不同，无疑会造成税负不公平。

目前国内税负状况

客观地讲，我国的税负水平经历了多次调整的过程。从统计数字看，自20世纪80年代起，我国财政收入占GDP的比例一直呈下降趋势，1985年，这个数字比例为28%，1993年，则降为16.85%，到1995年，更是达到历史最低，只有10.6%。

对比发达国家，同期它们的税收收入在GDP中占比，至少在15%以上。以1994年为例，澳大利亚为28.9%，法国为39.4%，意大利更是达到39.7%。这样看，我国税收收入在GDP中的比例是偏低的。

鉴于此，从“九五”时期开始，我国开始加强税收征管，税收收入也渐渐走高，到2000年，税收收入占GDP的比重上升为14%，2012年达到最高值，为18.5%；到2017年又开始调整，下降为17.4%，2020年下降到15.2%。最近几年也基本保持在这个水平，对我国的实际税负是否偏低，需要进行理性分析。要知道，税收收入是实实在在的数字，而国内GDP由于重复计算或者虚报，有可能被高估。也就是说，在计算税收收入与GDP比率的公式中，分母存在一定的水分，若挤掉这些水分后，我国的税收负担会高于现有的数值。这也是在当前内需不足、经济下行压力大的背景下，政府要坚持减税的原因之一。

思考题

衡量税负的标准是什么？国内生产总值税收负担率与国民收入税收负担率相比，哪个指标更合理？有哪些因素影响税负水平？

第5节　避免国家间双重课税

自哥伦布发现新大陆、麦哲伦环游地球之后，商人的船队扬帆出海，远涉重洋，国与国之间的交往日趋频繁。而随着商业贸易的繁荣，“重商主义”风靡一时，重商主义者主张政府通过征收“关税”奖出限入，于是出现了国家间双重课税的难题。

国际税收的特点

政府为了鼓励出口、限制进口，一方面补贴本国出口商，以降低出口商品价格，增强其在国际市场的竞争力；同时，又对进口商品征收高关税，阻挡国外商品进入。

常言道，来而不往非礼也。你对我实行关税封锁，把我的产品拦在国门之外，那么我也要以其人之道，还治其人之身，让你的产品进入不了我的市场。一报还一报，国家之间打起了关税战，结果两败俱伤。由此，国际税收问题引起人们重视，并成为国与国之间的大事。

与一般税收相比，国际税收有五个鲜明的特点，即涉外性、国际协调性、法制性、符合国际惯例性、优惠性。所谓涉外性，是指税收涉及两个或两个以上国家。虽然每一个国家都依据自己的税法征税，但对于跨国纳税人来说，有可能向几个国家缴税。也就是说，国际税收常常涉及重复征税问题。

正是为了解决这一问题，才有了税收的国际协调。当事国通过对话协商，求大同存小异，签订双边或多边税收协议。至于法制性，这很容易理解。涉外的税法如果出了问题，所带来的负面影响通常要比国内税法更大。因此，国际税收所依据的税法，往往更严格、更完善。

符合国际惯例性，是国际税收的一项基本原则。如果一国涉外的税法我行我素，想怎么收就怎么收，难免会与贸易伙伴国发生冲突。这就好像某地区的人喜欢以大碗酒敬客，在他们看来，不如此不足以表达情谊，可是各地风土人情有别，对来自不喜欢劝酒地区的客人来说，却成了负担。所以待客之道，应因人而异，充分考虑对方的承受力。国际税收也是如此，不能一意孤行，必须符合国际惯例。

国际税收的最后一个特点，是优惠性。比如WTO各成员互相实行“最惠国待遇”，中国给美国的农产品降低了关税，那么，其他成员也自然可以享受这一优惠，而不需要再进行谈判磋商。

税收管辖权

我们知道，一个国家的主权，体现在税收领域就是税收管辖权。既然各国主权独立，税收管辖权当然可以由自己确定，别的国家无权干预。

总的来说，税收管辖权有三种：居民管辖权、地域管辖权、双重管辖权。实行居民管辖权，依据的是“属人原则”，即国家有权对本国居民进行法律管辖。具体到税收方面，就是本国居民的所得，不论来源于境内还是境外，统统都得交税。不过迄今为止，世界上还没有哪个国家，单独采用居民管辖权。

地域管辖权，依据的是“属地原则”，也称领地主义。

地域管辖权的含义有两层：首先，对于本国居民，只对他们来自本国范围内的收益、所得、财产纳税，对来自其他国家的收入，地域管辖权则无权征税；其次，对于外国居民，也就是非本国居民，他们在所在国取得的收入，也必须向当地税务机关纳税。

实行地域管辖权的国家，目前有法国、巴西、新加坡等。与前两种管辖权相比，双重管辖权的收税涵盖面更宽，它同时采用居民管辖权和地域管辖权，不论在哪个管辖权范围内，都得上税。中国、美国、日本、印度等国，实行的都是双重管辖权。

由于各国税收管辖权不一，出现双重甚至多重课税也就在所难免。比如，中美两国实行的都是双重管辖权，在美国有中国人做生意，在中国也有美国人做买卖。中国居民张三在美国卖服装赚了钱，美国居民约翰在中国搞软件有营收。那么，按照居民管辖权，中国要对张三征税，而按照地域管辖权，美国也要对张三征税。

同样道理，约翰也要依照中美两国税法，分别交税。很显然，张三和约翰都被重复征税。可想而知，不论张三还是约翰都会对这种双重课税不满。如果这种状况不改变，长此以往，会使那些跨国经营者不堪重负而难以为继，最后只好将投资撤回国内。此结果既阻碍了经济全球化进程，也不利于资源的合理配置。

解铃还须系铃人

俗话说，解铃还须系铃人。解决国家间双重课税问题，需要当事国政府共同努力。

方式主要有两种：一是单独行动，即某国政府免除本国居民的双重负担。既然单边行动不会给其他国家带来麻烦，因此，也无须经过他们同意。另一个方式是互动，即两个国家或两个以上国家签订双边协定或多边协定，解决多重征税问题。较之单独行动，互动式显然是上上策。

当然，上面只是大原则，具体操作起来，比较常用的还有四种措施：抵免法、免税法、扣除法和低税法。

所谓抵免法，是针对本国居民而言的。前面例子中，如果张三在美国已缴税款折合人民币3万元，而按照中国税法规定，还要向中国的税务机关缴税5万元，最后，中国方面从应收税款中扣掉3万元，只收了张三2万元税款，这里采用的便是抵免法。

第二种措施，是免税法。免税法通常用于单边行动，即本国政府放弃自己应征税的部分。前面的例子中，如果中国税务机关对张三缴纳2万元税款也一笔勾销，则采用的就是免税法。

第三个措施，是扣除法，是先刨去纳税人来源于国外的所得在国外的税款，只对这项余额征税。比如张三挣了10

万元，美国已收其税款3万元。照理说，中国也要以10万元为基数，对张三征收所得税。若实行扣除法，张三就能以7（10−3）万元为基数，然后再按中国的适用税率纳税。

最后一种措施是低税法，也就是对境外所得给予特殊照顾，实行特别的低税率。还是上面那个例子，如果张三在中国纳税的基数和美国相同，也是10万元，但中国方面把他的适用税率由30%降为10%，这样也可以在一定程度上减轻张三的纳税负担。

思考题

国家间为何出现重复征税问题？如何解决这一问题，请结合具体案例作解释。

第6节　中国特色的税管体制

公元前221年，秦建立了大一统的封建王朝。为确保政令畅通，秦朝一改分封制，实行中央集权制。政府机构分为中央政府与地方政府两级；地方政府又分两级，郡下设县，各司其职。秦朝的这种政权模式，奠定了中国税管体制的基础。

税收立法与执法机构

中国的税收管理体制，可以概括为：税权集中，分权有度，统分结合，分级管理。税权集中，讲的是税收立法和税收政策，掌握在中央政权机关手里。在我国，税法和税收政策出自六家：全国人大及其常委会、国务院、财政部、国家税务总局、海关总署、国务院关税税则委员会。

具体讲，以上六家分工又各有不同：全国人大及其常委会负责制定税收法律，国务院负责制定税收行政法规，其他几家负责制定税收的部门规章。

中国幅员辽阔，省情、区情大不相同，税收立法，既要按照“税权集中，税政统一”的原则，防止法出多门，又要避免脱离实际搞“一刀切”。因此法律规定，省、自治区、直辖市人大及常委会，省级人民政府，在不与国家税收法律、法规相抵触的前提下，可以制定某些地方性的税收法规和规章，同时把税率确定、减免税等权力也下放给了地方，由他们根据本地实际自行确定。

在我国，税收执法机构有三家：财政部、国家税务总局、海关总署。它们都在国务院领导下开展工作，分工明确，各司其职。

财政部重点是抓宏观，对税收与国家财政政策进行统筹谋划；国家税务总局，则是税收大总管；海关总署则主外，依据《中华人民共和国海关法》和《中华人民共和国关税法》征收关税，监督货物进出口，打击走私，同时代征进口环节增值税、消费税。

由于涉外税收关系重大，头绪较多，国务院还成立了议事协调机构——关税税则委员会，负责关税的审定、审议等相关事宜。

集权与分权兼顾

实行市场经济的国家，对中央与地方“集权与分权”曾经过反复探索和实践，并形成了适合自己国情的税收管理体制。根据中央地方税权划分不同，税收管理体制呈现出三种类型：集权型、分权型、集权与分权兼顾型。

实行集权型税收管理体制的国家，税收立法权、征收权、管理权，全部收归中央政府，地方政府有些小的管理权限，但并没有税收征收人员。比较典型的是法国，它虽实行中央、省、市镇三级分税制，但中央政府事无巨细，事必躬亲，地方政府则权小力微。

分权体制的代表是美国，作为联邦制国家，美国政府机构分三级，即联邦政府、州政府和地方政府。在税收管理上，州和地方政府具有很大的自主性。不过，地方政府没有税收立法权，它的立法权主要在州政府。

如果集权体制和分权体制是各走一端，那么集权与分权相结合的混合型体制，则是兼容并蓄，合二为一。发达国家如日本、德国等，是混合体制的典型代表。

我国的税收管理体制，既有一般混合型体制的特征，又具备自己鲜明的特点。这在“统分结合，分权有度”中，得到了充分体现。

但是，要做到统分结合，分权有度，也并不容易。过去计划经济体制下，中央政府说一不二，令行禁止，地方政府只能言听计从。现在搞市场经济，既要维护中央权威，扩大中央财政收入，又要发挥地方的积极性，让地方财政既能吃饱饭，又能搞建设。这个度，在操作层面很难掌握。

改革开放之初的十多年，我们搞了财政包干，“分灶吃饭”，结果地方收得多，中央收得少，问题越积越多。1994年，国家正式实行了分税制，才开始进入“统分结合，分权有度”的良性循环。

第一章已说过，所谓分税制，简单地说，就是按税种划分中央和地方税收收入的一种财政体制。实行分税制，要求按照税种“分税、分征、分管”。其中，分税则是针对不同税种划分各级财政收入，这一过程相当于切蛋糕，涉及方方面面的利益，因此最为关键。

国际上分税有完全和不完全两种形式：完全形式就是将蛋糕分为两块，一块归中央，一块归地方；不完全形式就是将蛋糕一切为三,一块为中央所有，一块为地方所得，还有一块由双方共享。

目前我国采用的是第二种形式，即把税种分为中央税、地方税、中央地方共享税。中央税税基大、税源广，能够确保中央财政收入的稳定增长，同时也有利于维护国家权益，调节宏观经济。增值税、企业所得税、资源税等为中央与地方共享税，其他则是地方税。

分层设置、垂直管理

从总体上看，我国现行的税务机构，其突出特征是分层设置、垂直管理。前面讲过，国家税务总局主管内税，这个“大总管”，是国务院所属的正部级单位。1994年，为适应分税制要求，国税与地税分家，省以下分别设置了两套人马：一是国税系统，二是地税系统。

地税系统包括省、市、县国（地）税局，县级国（地）税局另有派出机构，即征收分局和税务所。这种设置持续了24年，直到2018年政府机构改革时，国税系统与地税系统再度合并。

省以下税务局，实行上级税务机关和同级政府双重领导，并以上级税务机关垂直领导为主。主管对外税收的海关系统，也实行垂直领导体制。海关总署下设分署，一般设在对外开放口岸和货物进出口、人员进出境业务比较集中的地区，其设置不受行政区划限制，这一点与税务系统的设置有所不同。

思考题

请你对美国分权型税管体制以及日本、德国的混合型税管体制发表评论，对中国目前的税管体制提出改进建议。

走进税收大家庭

流转税类

所得税类

特定目的税

行为税类

资源、财产税类

第四章
走进税收大家庭

税收像一个人丁兴旺的大家庭，我们不仅可将其成员划分为不同的税类，而且在同一税类下，又有不同的税种。下面我按照税类，分别对比较重要的税种作介绍。

第1节　流转税类

流转税，即对商品流转环节征税。在增值税出现之前，政府征收的是营业税，营业税以商品营业额为计税对象，存在重复征税。而且随着信息技术的发展，商品和服务的边界逐渐模糊，征收范围也逐渐变窄，所以现在不少国家已改征“增值税”。

消费型增值税

1954年，法国作为“第一个吃螃蟹”的国家，率先推行增值税，并取得了巨大成功。增值税取代营业税，不仅可避免重复征税，而且税制设计也更科学合理，更能适应专业化分工和社会化大生产的要求。

让我们来看个例子：假设某织布厂进了30万元的棉花，织成布匹，然后以60万元的价格卖给服装厂；后者将其加工成服装后，以80万元的价格卖给批发商；批发商再以100万元的价格卖给零售商。如果营业税税率为5%，那么，纳税总额将是多少呢?

前面说过，营业税是按每个经营者的销售收入全额征税，那么，织布厂应纳税额为60×5%=3（万元）；服装厂应纳税额为80×5%=4（万元）；批发商应纳税额为100×5%=5（万元），该批商品的总税额为3+4+5=12（万元）。

现在若改为征收增值税，即只对价值增值部分征税，税率仍为5%。那么，织布厂增值额是60−30=30（万元），应纳税额为30×5%=1.5（万元）；服装厂的增值额为80−60=20（万元），应纳税额为20×5%=1（万元）；批发商的增值额为100−80=20（万元），应纳税额也是20×5%=1（万元）。这样算下来，总税额为1.5+1+1=3.5（万元）。

两相比较，实行增值税的整体税负，明显低于营业税，即使专业化分工再细，生产环节再多，也不会存在重复计征问题。

再往下说，增值税还可分三种类型：消费型增值税、收入型增值税、生产型增值税。

消费型增值税，是纳税人在计算增值额时，可扣除生产原料价值。也就是说，厂商外购的生产资料，不算入产品增加值，而只是对消费资料增值征税，故税负最轻。

收入型增值税，则是在计算增值额时，可扣除外购固定资产的折旧价值。而国民生产总值减去固定资产折旧，等于国民收入。故对国民收入征税，称为收入型增值税，其税负居中。

生产型增值税，是计税时不扣生产资料价值，课税对象为生产资料和消费资料总和，从整个社会来看，计税额与国民生产总值一致，故称生产型增值税，其税负最重。

1984年，我国正式建立增值税制度，经过近10年完善，到1993年底构建了生产型增值税体系。2008年底，国务院常务会议批准了财政部、国家税务总局提交的增值税转型改革方案，决定自2009年1月1日起，由生产型增值税转为消费型增值税。

消费税因时而变

如果望文生义，人们很容易将消费税理解为谁消费谁上税。事实上，消费税是对生产、进口、零售应税消费品征税；消费税的纳税人，是从事生产、进口和零售应税商品的单位和个人。

与增值税相比，消费税覆盖面要窄得多，大致分五类：一是特殊消费品，如烟、酒、焰火等；二是奢侈品和非生活必需品，如化妆品、贵重首饰和珠宝玉石等；三是高能耗消费品，如摩托车、小轿车等；四是不可再生稀缺资源消费品，如汽油、柴油等；五是具有一定财政意义的消费品，如汽车轮胎等。

消费税采用差别税率与定额税率，差别税率从3%到56%变动，产品不同，比例大相径庭，比如甲类卷烟税率为56%，雪茄税率为36%，而白酒税率为20%。采取定额税的商品，其应纳税额等于销售数量乘以适用单位税额。不同商品，单位税额不同，比如对甲类啤酒每吨征收250元，乙类啤酒每吨征收220元。汽油每升征收1.52元。柴油则每升征收1.20元。

政府对特定商品征收消费税，目的不仅是增加财政收入，也是调节社会收入分配。因此，消费税的税率设计充分体现了政府的这一意图。越是高档奢侈物品，适用税率就越高，而且税率累进，这样，高档奢侈物品的成本增加，价格升高，高收入者便需承担较高税负，政府也有更多财力照顾低收入者。

再有，消费税涵盖的商品，会因时而变。改革开放前，年轻人结婚的所谓三大件，是指自行车、缝纫机和手表，改革开放后，很快被彩电、冰箱、洗衣机取代；再后来，又被汽车、住房、出国旅行等取代。试想，如果今天仍把手表、冰箱当作高档消费品，对其征收高消费税，显然已不合时宜。

关税是“双刃剑”

但凡出入国境的商品，大多要缴纳关税。关税分为三种：进口税、出口税和过境税。在每一种关税中，通常采用的是差别税率。不同货物，税率有差别；而即便是同一种货物，若来源不同，税率也会不同，这其实也就是人们常说的“歧视性关税”。

在实际操作中，歧视性关税又进一步划分为反倾销关税、反补贴关税、报复性关税和优惠关税。

反倾销关税，是指针对他国货物倾销征收的附加税。以中国的彩电业为例，1998年，欧盟企业对中国彩电提出反倾销诉讼，理由是所谓中国彩电出口价格低于成本，到欧盟倾销。同年，欧盟委员会决定，对中国彩电征收44.6%的反倾销关税。加收关税后，相当于我们出口的彩电价格上升了44.6%。

反补贴关税，是针对接受出口补贴的舶来品，这些商品低于正常价格进口，比如美国从2002年开始，对从德国、加拿大、特立尼达和多巴哥进口的线材，征收8.38%的反补贴关税。

报复性关税好理解，是当一个国家遭到另一国家高关税打压时，以牙还牙，也对其征收高关税。2018年初，美国宣布对中国商品加征25%的关税，随即，中国政府作出回应，对美国出口到中国的农产品，也对等地加征关税。

所谓优惠关税，实际上是一种差别关税，只不过是积极的差别。中国宣布，自2004年1月1日起，来自柬埔寨、老挝和缅甸的部分产品，皆可享受到零关税待遇。这便是最高规格的优惠关税。

关税是由各国自行决定的，但制定关税不能随心所欲。关税是一把“双刃剑”，用得好，能保护自己；用得不好，会得不偿失。1929年全球爆发经济危机，为缓解国内危机，40多个国家围墙高筑，大幅提高进口关税，引发世界范围的“关税大战”，结果不仅没缓解危机，反而加深了危机，到1933年，世界贸易总额缩减到1929年的三分之一。

为重建国际贸易秩序，1947年10月，23个国家正式签署“关税与贸易总协定”（GATT），正式提出了税收国民待遇原则。其后，在关税与贸易总协定基础上建立起的WTO，又将这一原则加以发展完善。

WTO提出了税收非歧视原则，要求各成员之间，互相给予“最惠国待遇”，即各成员对于其他成员的产品，必须给予不低于给予任何其他国家或地区产品的优惠待遇。举个例子，A、B是WTO成员，C是非成员，倘若A对C的钢材进口关税为20%，那么A就不能对B的进口钢材征收超过20%的关税。

思考题

消费型增值税与生产型增值税区别何在？为何说关税是一把“双刃剑”？

第2节　所得税类

所得税也称“收入税”，即谁取得了收入，谁就得缴税。具体讲，政府向企业征收的收入税为企业所得税；面向个人征收的收入税，则为个人所得税，日常生活中，也简称“个税”。

企业所得税

有一则趣闻：威士忌酒名扬天下，据说是与生产商“逃税”有关。18世纪末，英国政府加重征收企业所得税，有的酒厂老板就躲到大山里去偷偷酿制，由于不敢公开销售，只好藏在山洞中，结果无心插柳，竟让威士忌成了酒中极品，这是当初英国政府始料未及的。

企业所得税的征收对象当然是企业，而且必须是自负盈亏、独立核算的企业。比如某企业A，在甲地有子公司B，在乙地有办事处C。B自负盈亏，C只是处理日常事务，不独立核算。在这种情况下，B是企业所得税纳税人，而C无须缴纳所得税。

企业所得，首先是指生产经营所得，包括企业从事制造业、采掘业、交通运输业、建筑安装业、农业、林业、畜牧业、渔业、水利业商品流通业、金融保险业、邮电通信业、服务业等获得的利润。

除生产经营所得外，其他所得如股息、利息、租金、各类财产转让收益、特许权使用费等收益和营业外收益等，也都属于企业所得，应照章纳税。

要说明的是，企业所得不仅仅是指国内所得，而是境内所得加境外所得。比如某企业除了在国内生产，也在国外设厂生产，它在国外的收益就是境外所得，也必须在国内缴纳企业所得税。

企业所得税实行的是比例税率，如我国新颁布的企业所得税法规定，企业所得税税率一般是25%。而符合条件的小型微利企业，税率为20%。国家重点扶持的高新技术企业，税率为15%。非居民企业对来源于中国境内的所得缴纳企业所得税，适用税率均为20%。PE（私募股权）溢价投资类企业，所得税税率一般在40%左右。

企业所得税的计算公式如下：

企业应纳所得税额=当期应纳税所得额×适用税率

应纳税所得额=收入总额－准予扣除项目金额

个人所得税

前些年，国内某些歌星、影星偷漏税事件被媒体曝光后，产生了巨大的社会效应，“个人所得税”一度声名大振、家喻户晓，而且人们依法缴纳个人所得税的意识，也因此大大增强。

个人所得税的管辖权，遵循两个原则：属地原则或属人原则。属地原则，即只要所得来源于本国，就需缴税；属人原则，即本国居民无论收入来自国内还是国外，均得缴税。目前在我国，两种原则合并使用，同时行使属地和属人管辖权。

个人所得税纳税人，一类为居民纳税人，即在中国境内有住所，或者无住所但在境内居住满一年的人员。不过这里所说的居住满一年，并不是一年365天都在境内，对临时离境一次不超过30天，或多次离境在90天内的，也按居住满一年计算。

第二类称为非居民纳税人，是指在境内无住所又不居住，或者在境内居住不满一年的人员。与居民纳税人不同，他们负有限纳税义务，其个人所得税部分，只是针对来自境内的所得收缴。

个人所得税中的“所得”，涵盖11类，分别是：工资、薪金所得；个体、工商户生产、经营所得；对企事业单位承包经营、承租经营所得；劳务报酬；稿酬所得；特许权使用费；利息、股息、红利所得；财产租赁所得；财产转让所得；偶然所得；其他所得。

其中，劳务报酬所得不同于工资或薪金，是指非雇佣劳务取得的收入，如咨询、安装、审稿等。打个比方，王女士退休在家，帮助出版社审稿，她从出版社获得的收入，即劳务报酬所得。

不同的应税项目，税率也不同。总的说来，税率有两类，一类是超额累进税率，比如工资、薪酬所得，采用9级超额累进税率，税率从5%—45%不等。第二类，就是比例税率，如稿酬所得、特许权使用费所得、利息所得等，适用20%的比例税率。

个人所得税的申报缴纳有自行申报缴纳与代扣代缴两种方式。目前，我们国内对个人的工资、薪金、利息、股息和红利等征收个人所得税，主要方式是“代扣代缴”。

目前，个人所得税已成为全球普及的税种。有140多个国家和地区，开征个人所得税。在一些发达国家，其征税额达到全部税收收入的四成左右。在我国，个人所得税在总税收中的比例仅占7%。由此看，我国的个人收入所得税仍大有可为。

思考题

企业所得税的“所得”是指企业哪些收入？谈谈你对个人所得税管辖权的理解。

第3节 特定目的税

特定目的税，顾名思义，是国家为了达到某些特定目的，对特定对象和行为征收的税种。这里重点介绍城市维护建设税、土地增值税、社会保障税。

城市维护建设税功不可没

俗话说，巧妇难为无米之炊。政府兴办公用事业，但钱还得由受益者出。换句话说，国家开征城市维护建设税，体现的是“谁受益，谁上税”原则。

我们已经知道，所得税的纳税人，是所有类型的企业和个人。而城市维护建设税虽然也是针对单位和个人，但对两类企业“网开一面”：一类为外商投资企业，一类为外国企业。

在我国，进口商品是由海关代征消费税、增值税，对于这种情况，不再征收城市维护建设税。而对走街串巷、集市练摊等临时性经营的个体商户，是否征收城市维护建设税，税法并未强制规定，而是将权力交给地方，由各省、自治区、直辖市政府自行决定。

为简便征收，城市维护建设税分别与增值税、消费税同时缴纳。在征收时，不需另填税票。正因为城市维护建设税征收方式特殊，很多人会误以为该税是对“增值税、消费税”税额征税，其实不是。城市维护建设税追溯到源头，是商品税的附加税。

在税率的设计上，纳税人地点不同，税率高低也不同。如果把市区、县城、非市区比作上游、中游和下游，那么，城市维护建设税税率就好似从上游奔涌而来的江水，顺流而下，越来越低。纳税人所在地为市区，税率设定为7%；所在地在县区、乡镇，税率就降为5%；乡镇以下，税率则降为1%。因为县城、镇规模较小，城建资金相对少，税负自然要相应减轻。

城市维护建设税属于中央政府和地方政府共享税，在有些情况下，可以享受税收减免。如校办企业生产的应税货物，若用于本校教学或科研无须缴纳增值税，那么，也就不再上缴城市维护建设税。再比如，为支持出口，政府对一些出口产品有退税（增值税、消费税）优惠，则该企业也可同时享受免征城市维护建设税优惠。

土地增值税

土地增值税是增值税嫡系子孙。增值税针对生产经营中的价值增值征税；而土地增值税则是为了特定目的，对特定对象征税。这里的特定对象是土地，而特定目的，是调节土地增值收益。

土地增值税作为特定目的税类，其土地增值指的是转让国有土地使用权、地上建筑物及其附着物的收入，也就是我们平常所说的，转让房地产获得的收入。对国有土地使用权不必多解释。地上建筑物及附着物，不仅包括地面上建筑，如高楼或小院，还包括各种地下各种附属设施，如地下停车场等。

在税款计算时，土地增值税的应纳税额，不是转让房地产的全部收入，而是转让收入扣除有关费用后的余额，税法中规定了六大项。比如：与转让有关的税金，包括城市维护建设税、印花税；交纳的教育费附加；开发土地的拆迁补偿费、基础设施费、建筑安装工程费等。

土地增值税的税率设置有些特别，实行的是四级超额累进税率。如果把土地增值额比作一块蛋糕，可以将其切成四块。

最小一块，增值额小于扣除额50%的部分，税率设定为30%。

例如一处房产，售价120万元，而税法规定的六项扣除额，合计100万元，那么增值额是20万元，增值20%（低于扣除额的50%），故应纳税额为20×30%=6（万元）。

第二块，增值额在扣除额50%—100%之间的部分，税率升为40%。

第三块，增值额达到扣除额的100%—200%的部分，税率则提高为50%。

第四块，增值额达到扣除额的超过200%的部分，继续增加10%，达到60%。

举个例子，乙单位售房一栋，售价为500万元，可扣除额总计200万元，则该售房增值额为300（500−200）万元，而扣除额的50%、100%，分别为100万元、200万元，这意味着，乙单位增值额在扣除额50%以内部分，为100万元，在50%—100%之间，也是100万元，100%—200%的区间，还有100万元，那么，根据四级超额累进税率，乙单位应纳税款为120（100×30%+100×40%+100×50%）万元。

在我国，土地增值税充分考虑了普通民众的生活需求，针对建设普通住宅、个人调换住房等专门设立了减免税规定，如建造普通标准住宅出售，收入增值额低于扣除额20%以内的，免征土地增值税；对本市居民自愿调换住房的，也予以免税。

此外税法还规定，因个人工作调动或改善居住条件而转让原自用住房，经向税务机关申报核准，凡居住满5年或5年以上的，免予征收土地增值税；居住满3年未满5年的，减半征收土地增值税；居住未满3年的，按规定计征土地增值税。

社会保障税

提起社会保障，总让人感觉暖意盈怀。在高福利国家，社会保障撑开的温情大伞，为公众遮风挡雨，可是政府不可能点石成金，于是社会保障税成了政府提供社会保障的重要财源。

目前，全球有172个国家和地区建立了社会保障制度，其中近100个国家开征了社会保障税。法国、德国、瑞士、丹麦、瑞典等国家，社会保障税已成为头号税种，我国也已于2020年11月起开征社会保障税。

社会保险机构的资金来源，是统筹缴费，即通过向企业和个人收费筹集社会保障基金，如养老保险金、基本医疗保险金、失业保险金等。在此种方式下，所获得的这类基金既不作为财政收入，也不纳入政府预算，而归由政府专门机构管理。

任何一项大的税收制度，都要经过缜密的论证。在建立社会保障税上，主要有两种方式：一是将养老、失业、医疗独立，分别设立养老保险税、失业保险税和医疗保险税；二是将“养老、失业、医疗”作为一个税目，形成统一的社会保障税体系。

不论采取哪种方式，其实都需要解决好两个问题：一是科学合理地确定税率。过高的税率会加重企业和职工的负担；过低的税率会降低社会保障基金的承受能力。二是要解决信息不对称问题。税务部门要疏通渠道，准确掌握企业和职工的纳税能力。

思考题

征收城市维护建设税为何要遵从“谁受益，谁上税”原则？政府征收土地增值税的目的是什么？

第4节　行为税类

行为税是国家为了对某些特定行为进行限制或开辟某些财源而课征的税收，也是地方政府筹集地方财政资金的一种手段。行为税的最大特点，是征纳行为的发生具有偶然性或一次性。

谁使用车船谁上税

车船使用税，是以车、船为课税对象。但为什么不简化为车船税呢？原来，车船使用税是对使用的车辆、船舶征税，若不使用，则不必交税。

比如你新买的一辆车，不管暂时不用，还是根本就是买来做摆设，都是不必缴纳车船使用税的。已纳税的车辆，如果暂时不用，只需你向税务机关作出说明，停用期间也可享受免税。

追溯起来，车船征税起于汉代，公元前129年，“算商车”开始实行。“算”就是征税单位，一算是120钱，所谓商车，是指专用来装载货物的商用车辆船只。后来，非商用车船也逐步进入计征范围。

到了近代鸦片战争后，对船只征税，则实行内外有别。对外国船只，征收“吨税”，即按照吨位计征；对内地船只，则征“船料”，即按船只载料多少、运途远近计算征税。不过执行不长时间就停征了。再次征收，已经到了1942年，改为使用牌照税。

新中国成立后，从1951年开始，在全国范围内开征车船使用牌照税。1973年，车船使用牌照税并入工商税。1984年，恢复车船使用牌照税。1986年，车船使用税正式开征，取代了车船使用牌照税。

车船使用税的征税对象有两类：行驶于公共道路的车辆；航行于国内河流、湖泊或领海口岸的船舶。“车船”一词覆盖面很广，既包括机动车船，也包括非机动车船。

车船使用税的纳税人，指的是境内拥有且使用车船的单位和个人，外国企业、外商投资企业享有免税待遇，外籍个人，港、澳、台同胞，也不需缴纳此税。众所周知，所有权和使用权常常是分离的，如汽车租赁，是租车人缴税还是出租人缴税？税法规定，可由双方自主协商决定。

在税率方面，车船使用税采用的是定额税率，即对征税的车船，规定单位固定税额。对于机动车（载重汽车除外）和非机动车，应纳税额＝应税车辆数量 × 单位税额；对于载重汽车、机动船和非机动船，应纳税额＝车船的载重或净

吨位数量 × 单位税额。

不过以上只是原则性的规定，在具体操作时，辆、净吨位、载重吨位等都可以作为计税依据。如载货汽车和机动船，按照“净吨位”计征，而非载货汽车按“辆”交税，至于非机动船，按“载重吨位”征收，倘若是拖轮，则按马力折合净吨位征税。

车辆和船舶的特点不同，车船使用税也采用不同的税率。船舶通常跨地区航行，当地政府很难管理，为保证税负公平，由国家统一确定税率；对于车辆征税权，则下放给地方，国家发布《车辆税额表》，在规定的幅度内，各省、自治区和直辖市人民政府，自行确定税率。

除了前面讲的外资企业、港澳台同胞等享受优惠外，还有其他车船可以免缴车船使用税，比如，捕捞、养殖渔船，军队、武装警察部队专用的车船，警用车船，悬挂应急救援专用号牌的国家综合性消防救援车辆和国家综合性消防救援专用船舶，依照法律规定应当予以免税的外国驻华使领馆、国际组织驻华代表机构及其有关人员的车船。

印花税一石二鸟

印花税是行为税的一种，针对的是应税凭证的书立和领受。《中华人民共和国印花税法》规定，对该法所附《印花税税目税率表》列明的合同、产权转移书据和营业账簿征收印花税。

与此对应，印花税纳税义务人有四种：立合同人、立账簿人、立据人和领受人。不难看出，印花税覆盖面广，税源充足，涉及经济生活的众多领域。与所得税不同，收取印花税，并不考虑纳税人是否盈利。只要合同书立，或者凭证领受，就要依法纳税（贴花），至于合同是否履行，履行情况如何，一律征税。

印花税的这一特点，从某种程度上减少了盲目签约、草率违约。如果双方言而无信，那么缴纳的印花税就相当于拿钱打水漂。

征收印花税，可谓一石二鸟，国家可增加财政收入，而且也容易为纳税人所接受。缴纳印花税，等于给合同签订双方吃了定心丸。因为合同贴上了税花，便取得了合法地位，无论哪一方，手里拿着有效合同，万一哪天打官司，不愁法院不受理。

另外，较之其他税种，印花税的负担也相对较轻，以我国为例，印花税有两种税率——定额税率和比例税率。定额税率按件计算，每件5元；比例税率中，最高为0.4%，最低为0.05%，而增值税税率为13%，最低也要6%。

不仅如此，印花税的纳税手续也很简便。其他税种，得先行申报，经税务机关确定税额，然后再交税。而印花税则不同，采用“四自”方式，即自行计算税额，自行购买税票，自行粘贴，自行注销。

与增加财政收入相比，政府更看重的是印花税对调控经济的作用。股市是一国经济状况的晴雨表，股价涨涨落落，只要是市场正常波动，政府可以不管。但如果股市持续走低或过度升温，需要政府出手干预。实践证明，政府根据股市整体走向，反向调节证券印花税是确保股市健康发展的有效手段之一。

目前许多国家都对二级市场的股票交易、金融债券、企业债券、投资基金等交易征收印花税，但税率普遍较低；而且征收方式大多改为单边征收。如英国、爱尔兰、韩国等，或者对买方单边征收，或者对卖方单边征收。这种单边收费，等于调低了印花税税率。

早期征收证券交易税，只看成交量，不论是长期投资者还是短线投机者，也不论是盈利庄家还是赔钱的散户，皆适用同样的税率，这显然有失公平。于是一些国家实行了差别税率，即根据交易频次、成交额度、投资收益等予以区别对待，对持有期限较长的证券投资者，课征较低税率，对短期炒家，从高征税。

安居广厦说契税

契税是针对契约征税，具体说，是针对财产转移的行为征税，故既可划归为财产税，也可视为行为税，而且是由财产承受人缴纳。对不动产买卖和典当征收契税，最早可追溯到东晋时期，当时叫估税，此后，便历朝历代一直延续下来。

契税是一种重要的地方税种。在土地、房屋交易的发生地，不管是单位还是居民，国人还是外商，只要所有权属转移，都要依法纳税。

契税中所涉及的契约，包括两类：一类是土地使用权转移，如国有土地使用权出让或转让；另一类是房屋所有权转移，更准确地说，应称为土地、房屋权属转移，如房屋买卖、赠送、交换等。

除了买卖、赠送、交换外，房屋所有权抵债，与房屋所有权转移适用同类契约；外资企业到某地办厂，当地居民以房屋作价入股，也要缴纳契税。

此外，还有两种常见的房屋权属转移需按规定缴纳契税：一是因特殊贡献获奖，奖品为土地或房屋权属；二是预购期房、预付款项集资建房，只要拥有房屋所有权，就等同于房屋买卖。

上述各类土地、房屋权属转移方式不同，契税定价方法也就有差异。契税的计税依据有以下四种。

——按成交价格计算。成交价格经双方敲定，白纸黑字形成合同，税务机关以此为据，直接计税。这种定价方式，主要适用于国有土地使用权出让、土地使用权出售、房屋买卖。

——根据市场价格计算。土地、房屋价格，不会一成不变，比如，北京成为2008年奥运会主办城市后，奥运村地价立马飙升。该地段土地使用权赠送、房屋赠送时，定价依据只能是市场价格，而不是土地或房屋原值。

——依据土地、房屋交换差价定税。随着二手房市场兴起，房屋交换走入百姓生活。倘若A房价格30万元，B房40万元，A、B两房交换，契税的计算，自然是两房价格差额，即10万元。同理，土地使用权交换，也要依据差额。等额交换时，差额为零，意味着交换双方均可免缴契税。

——按照土地收益定价。这种情形不常遇到。假设3年前，国家将国企甲的土地使用权划拨给了国企乙，3年后，经许可，乙把该土地使用权转让，那么乙就要补交契税，纳税依据就是乙单位出让土地使用权的收益。

在税率设计上，契税采用幅度比例税率。目前，我国采用3%—5%的幅度比例税率。国家定下大框框，各省、自治区、直辖市，在这个范围可以自行确定各自的适用税率。

和其他税种一样，契税也有减免税规定。比如，对国家机关、事业单位、社会团体、军事单位承受的土地房屋权用于办公、教学、医疗、科研、军事设施的，可免征契税。这项免税政策的背后，与这些单位经费大多源于预算拨款有关，但更重要的是，免税措施配合国家产业政策规划，对于发展教育、医疗、科研以及加强国防力量等，具有四两拨千斤的作用。

思考题

车船使用税为何不向车船所有者征？为何说政府征收印花税可以调节经济？

第5节　资源、财产税类

资源税是以各种自然资源为课税对象，为了调节资源级差收入，并体现国有资源有偿使用而征收的一种税，包括能源矿产、金属矿产、非金属矿产、水气矿产和盐。

资源税征收“八字诀”

没有规矩，不成方圆。资源税虽种类繁多，但有自己的设计原则。其征收原则，可概括为“八字诀”：普遍征收、级差调节。

所谓普遍征收，有两重含义：普遍征税对象，普遍纳税人。普遍征税对象，是指上述产品，都必须按规定缴纳税款；而普遍纳税人，则是指所有从事资源开采或生产单位和个人，也必须照章纳税。

当然，也有例外。比如，开采原油以及在油田范围内运输原油过程中用于加热的原油、天然气，煤炭开采企业因安全生产需要抽采的煤成（层）气，可免征资源税。纳税人开采或者生产应税产品时，因意外事故或自然灾害遭受重大损失的，可酌情减税或免税。

所谓级差调节，是指调节资源级差收入。由于各地资源禀赋存在差异，即使同一地区的同一种资源，地理位置、开采条件、储量大小等也不相同。针对这些情况，对开采者征税通常采取从量定额征税，资源条件好的税额高一些，资源条件差的税额低一些，以此来调节资源级差收入。

资源税从量定额征收的计税依据，是课税物品的数量。单位或个人开采资源时，有的单纯是为了销售，比如铜矿、宝石。有的除了销售以外，还有一部分自用，比如开采石油、煤炭的企业，也需消耗一部分产品。还有一些就地采矿的企业，则主要是为了自用。而开采或生产应税产品用于销售的，以销售数量为课税数量；应税产品自用的，以自用数量为计税依据。

城市用地不是免费午餐

俗话说：天下没有免费的午餐。我国宪法规定，土地属国家或集体所有，私人和企业没有所有权，只能使用。而且要用地，必须向政府缴纳城镇土地使用税。

我国城镇土地使用税的出台，几经变迁，三易其名，1984年以前，没有单独的土地税种，当时统称为房地产税；1984年，地产税从房地产税中剥离，成为土地使用税；1988年，再次更名为城镇土地使用税。

城镇土地使用税，纳税人是土地的使用者。这里的使用者不仅指国内企业，也包括外商投资企业。2007年之前，外商投资企业使用土地缴纳的是土地使用费，而从2007年1月1日起，统一改为缴纳城镇土地使用税。

土地是一种重要自然资源，当然也存在级差收益。比如临近交通干线、城市中心的土地，出租价格会远高于偏远之地的价格。对这种由于土地所处位置不同所带来的级差收益，也需要政府运用税收手段加以调节，以保护企业之间实行公平竞争。

城镇土地使用税的计算公式是：应纳税＝计税土地面积×适用税额。该税一般是按年计算，可分期缴纳。至于具体的分期缴纳期限，则由省、自治区、直辖市人民政府根据本地实际确定。

税法规定，以下七类土地使用，可免交城镇土地使用税，分别是：国家机关、人民团体、军队自用的土地；由国家财政部门拨付事业经费的单位自用的土地；宗教寺庙、公园、名胜古迹自用的土地；市政街道、广场、绿化地带等公共用地；直接用于农、林、牧、渔业的生产用地；经批准开山填海整治的土地和改造的废弃土地，从使用的月份起免缴土地使用税5年至10年；由财政部另行规定免税的能源、交通、水利设施用地和其他用地。

房产税对内不对外

房产税在我国是个恢复性税种，新中国成立仅2年，房产税就呱呱落地，接着又与地产税合并，统称房地产税。1973年，房地产税一分为二，一部分并入工商税，另一部分则称为城市房地产税，适用于外商投资企业、外籍人员和房地产管理部门。

到1984年第二步利改税时，又恢复了房产税，但到1986年才在全国范围内正式开征。从那一年开始，房产税和城市房地产税正式分家，各司其职。房产税主内，针对国内企业和人员征收；而城市房地产税主外，负责对涉外企业和外籍人员征收。

房产税所针对的房产，是具有房屋形态的财产，得有墙、有顶，人可以在里边生活。如学校教室、公寓、写字楼等。而且这里的房产还有地域限制，只对城市、县城、建制镇、工矿区的房产课征房产税；对农村普通民宅，包括富裕农民盖的小洋楼，房产税是招呼不到的。

一般说来，谁拥有房屋产权，谁就要依法纳税。但考虑到房产使用存在诸多情况，税法也相应作了区分：房屋产权属于国有的，由经营管理单位缴纳。比如，某部门将名下的一套房产划出，给所属的A公司作办公用，那么纳税义务人就是A公司。

将房屋产权用于抵押贷款（即产权出典），产权出典期间不由产权人纳税，而由承典方交税。假设A是产权方，为了买车，把房屋抵押给了B，B就是承典方，那么B在抵押期间得缴纳房产税。

还有一些特殊情况。甲集团公司总部在北京，但在南京有一处房产。南京的房产由乙公司使用或代管，乙公司就是该房产的纳税义务人。同理，北京的甲集团公司把南京的房产抵押给北京的丙公司，而丙公司在南京没有分公司，便将该房产出租给南京的丁公司，那么该房产的纳税义务人就是丁公司。

税法还规定，对于房屋产权未确定，或者租典纠纷未解决的，由房产代管人或者使用人缴纳。

在税收形式上，房产税有两张面孔：一是财产税性质，二是所得税性质。财产税性质的房产税，根据财产多少上税，财产的计算，要么按照房产数量，要么依据房产价值；而所得税性质，主要针对租赁出去的房产而言，以获得租金多寡征税。

与此相对应，房产税的税率也是两类：财产税性质的，实行从价计税，税率采用比例税率，为1.2%，从价中所指价格不是总价，而是房产余额，通常情况下，按房产值扣除10%—30%计算；另一类，按照所得，从租计税，仍采用比例税率，但税率放大到12%。

向“子承父业”者征税

日本皇后美智子，在日本家喻户晓，受到亿万日本国民的尊重。2003年初，税务机关突然宣布，要拆除皇后故居，并将故居所占土地公开拍卖。原来，父亲过世后，美智子因无力支付高额遗产税才遭此一难。

遗产税是财产税的一种，其课税对象是财产所有者死亡后的遗留财产；该税的纳税人，则是遗产继承人和受遗赠人。人不可能死而复生，因而遗产税也是在财产所有者身后进行一次性征收。

起征点高，税率累进，是遗产税的两大特点。也就是说，继承财产越多，纳税比例就越高。以美国为例，遗产税起征点是60万美元，最高税率是55%。由于起征点高，普通老百姓倒不必担心，而那些靠祖宗荫庇一夜乍富的，接到高额遗产税单会比割肉还痛。据统计，每年去世的美国人中，只有2%的人被征收了遗产税，难怪有人把遗产税戏称为“富人税”。

目前，开征遗产税的有100多个国家，遗产税制共有三种模式：总遗产税制、分遗产税制和混合遗产税制。所谓总遗产税，是对遗产总额征收税款，不管亲属关系亲疏，也不管税负承受能力，实行“一刀切”。采用这种税制的有美国、英国等。

总遗产税制的优点是程序简单，容易征收；缺点是只和遗产总额挂钩，不管三七二十一，谁要沾了遗产的光，都按一个标准缴税。

分遗产税制设计相对周全。财产继承人和被继承人关系远近不同，税率不同；分得的财产不同，税率也不同。倘若儿子和侄子继承同样的遗产，他们各自适用的税率会有差别；同样是儿子，继承金额不同，纳税金额也不同。日本、法国等国家，采用的就是这种税制模式。

分遗产税制克服了总遗产税的缺点，但实际操作时，却为适用税率高的人，借用税率低继承人的名义偷漏税提供了机会。

混合税制，是总遗产税制和分遗产税制的混合体，它先按照总遗产征一道税，其后，每个继承人再按照继承额，交纳一次继承税，相当于二次征税。目前，伊朗采用的便是这种税制。这种模式，因重复征税，不仅税负较高，而且征税手续也比较繁杂。

政府开征遗产税，目的是调节收入再分配。有人说遗产税是“拿富人的身后款济世扶贫”，使来自社会的财富回归于社会，而且有利于使人们站在同一起跑线上，进行公平竞争。

征收遗产税，还有一个“副产品”——促进公益事业繁荣。这一点，连税种设计者也始料未及。我们常常听到，国外某“企业家”热衷慈善事业，资助孤儿院，设立教育基金，且一掷千金万金。他们这样做，固然有人格高尚的一面，但也与开征遗产税不无关系。

早在20世纪40年代，我国就曾开征过遗产税，但所征寥寥。新中国成立初期，也曾经再次设立遗产税，可是新中国没有了地主，资本家参加了公私合营，城市工人又实行低工资，所以遗产税实际上徒有其名，很快也就停征了。

改革开放以后，中国经济发展一日千里，人们的收入差距逐步拉开。政府审时度势，于1994年税制改革时，再度把遗产税列为拟开征税种。但尽管呼声很高，遗产税仍然未从幕后走向台前。看来，遗产税从设计到执行，还有许多工作要做。

思考题

城镇土地使用税和房产税的纳税人是谁？你对开征遗产税有何建议？

财政税收理论流变

平衡预算与赤字预算

财政赤字安全线

政府发债与加税

公债挤出效应

增税与减税之争

税负转嫁与财政补贴

第五章
财政税收理论流变

通过前面四章介绍，读者应该已经对国家财政收支原理有所了解。事实上，每个国家在不同时期制定财政政策，背后皆有相应的理论作支撑，下面我来简要介绍财政税收理论的流变。

第1节　平衡预算与赤字预算

政府做财政预算，核心问题是年度预算能否允许出现赤字。时至今日，经济学者对此一直争论不休，而且形成了两大相互对立的阵营。

健全财政原则

在资本主义早期，经济发展一路阳光。在这条金光大道上，人们凭借着自由经营活动，将积累或储蓄的财富转化成了资本，所以在人们看来，财政应严格履行公共财政职能，政府只需在生产之外为国民提供安全保障和公共福利就可以了。

以威廉·配第和亚当·斯密为代表的古典经济学家，几乎一致反对赤字预算，认为赤字预算会使政府公共活动扩大，导致私人经济部门相对萎缩，同时引发通胀。直到20世纪30年代，大多经济学者仍然坚信只有预算平衡才是理财的正确选择，在他们看来，让财政政策保持稳健，方能促进经济均衡发展。

而且经济学者还认为，尽可能减轻税负是经济发展必要的前提，因此，政府年度预算绝不能入不敷出，而且预算额度不宜过大，对支出范围也应有限制，坚决杜绝铺张浪费。上面这种观念，经济学界称为“廉价政府”和“中立税收”，而传统经济学所主张的这套理财方针，则被称为“健全财政原则”。

转向赤字预算

然而20世纪30年代经济大萧条后，财政扩张显示出了前所未有的威力。政府扩大财政投入，不仅救济了众多失业者，而且带动了经济复苏。同时，政府实施累进所得税和遗产税政策，无形中起到了调节收入分配的作用。其中，具有重要意义的是，扩张性财政政策极大地提高了生产要素利用效率。

这样，人们渐渐意识到，政府的作用不仅仅是提供公共服务，还可以进入生产领域，利用财政工具保证经济稳定增长。比如，政府可通过扩展或收缩公共部门经济活动，调节私营部门的投资；也可用较高的赤字对付衰退，用较低的赤字抑制通胀。

正是在这个时期，英国经济学家凯恩斯也加入了对国家预算的争论。他公开批评"健全财政原则"，力主政府利用赤字预算给经济注入活力。他分析说，在经济萧条期，财政收入显著减少，若此时压低投资以求得预算平衡，势必会使财政收入继续下滑，经济进一步恶化，其结果预算仍无法平衡。相反，如果政府不死守教条，实行赤字预算，扩大投资，反而可以带来经济"繁荣"，增加财政收入，最终取得预算平衡。

补偿性财政政策

凯恩斯的赤字预算主张，被他在美国最得力的传播者、新古典综合派先驱阿尔文·汉森教授作了重新阐述。他的

《财政政策和经济周期》一书，便是美国经济学家支持凯恩斯观点的第一部著作。

汉森指出，财政政策对国民经济具有“内在稳定器”的作用。在经济繁荣时期，个人和企业收入都得到增加，政府税收自然增加；而失业减少，低收入群体人数减少，失业保险支出和各种福利支出也会减少，收多支少，于是财政预算会有盈余。

反之，在经济衰退期，个人和企业收入都减少了，政府税收也会减少；与此同时，失业保险和各种福利支出会增加，收少支多、财政预算必然出现赤字。但赤字并不可怕，因为萧条时期的赤字可以用繁荣时期的盈余抵补。这样，从整个经济周期看，财政预算仍可平衡。

虽然汉森阐释了“赤字预算”的必要性，但他不赞同持续的“赤字财政”。他的理由是，经济并不会永远处于萧条之中，而是时而繁荣、时而萧条，因此，财政政策就不应以扩张为基调，而应根据经济繁荣与萧条的更迭，交替地实行紧缩与扩张政策。

基于上述理由，汉森提出了所谓“以盈补欠”的补偿性财政政策。具体讲：在经济萧条期，政府要增加预算赤字，降低税率，扩大社会总需求。而在经济繁荣期，政府要压缩预算赤字，提高税率，抑制社会总需求。所以在汉森看来，财政预算不必在意年度是否平衡，而应追求整个经济周期内平衡。

在今天看来，汉森的财政政策主张对西方各国产生了极为深刻的影响。事实上，自20世纪50年代以来，美国等西方国家奉行的就是他提出的补偿性财政政策。与单一的扩张性财政政策相比，补偿性财政政策最突出的优点，是不会产生严重的财政赤字与通胀。

值得一提的是，汉森的这一财政思想，通过他的哈佛财政政策研讨班足足影响了一代学生，其中就有后来执西方经济学之牛耳的保罗·萨缪尔森、约翰·肯尼思·加尔布雷思和詹姆斯·托宾等一众经济学名家。

思考题

财政预算为何从健全财政转向赤字预算？你赞成汉森提出的“补偿性财政政策”吗？为什么？

第2节　财政赤字安全线

读者要注意：财政赤字并不等同于赤字财政。区别在于：赤字财政是政府有意的预算安排，也称“赤字预算”；

而财政赤字则是政府执行到最后入不敷出所形成的缺口，也是总结果。

弥补赤字的两种选择

欠债还钱，天经地义。在日常生活中，人们往往是用自己的新增收入偿还债务。众所周知，政府的收入主要来自税收、国有资产经营收益、政府收费和国债，故政府当然也可用新增税收、收费或国有资产经营收益来弥补赤字。可问题是，政府这样做往往远水难解近渴，而且还会受到种种条件的制约。

以国有资产经营收益为例。某国企刚接到订单，还没组织生产，更没有销售产品回笼资金，政府总不能把手一伸，让企业提前上缴利润吧。税收也是如此，根据税法规定，有的按月缴纳，有的按季缴纳，政府若为了弥补财政赤字，突然改为一刀切，要求提前缴税，纳税人肯定不愿意，甚至拒绝配合。

事实上，政府弥补财政赤字，常用的有两种方法：一是货币融资法，二是债务融资法。

用货币融资法弥补赤字，并不像有些人想象的那样，让印钞厂加班加点，多印钞票，而可以采用三种方式：一是财政部直接向中央银行透支，其透支额度，便是中央银行增发的货币金额；二是中央银行直接购买政府债券；三是政府向社会发行公债后，中央银行通过公开市场购买社会公众手中的公债。

债务融资法与货币融资法的主要区别，是政府不直接与中央银行打交道，而是向非政府部门借款。这些非政府部门包括企业和个人，其中商业银行财大气粗，往往是政府借款的最大债权人。

货币融资美中不足

国家出现了财政赤字，无疑对整个经济会产生负面影响。很明显的一点，赤字规模越大，政府偿债风险也就越高。不过同样规模的财政赤字，若采用不同的弥补方式，对经济的影响程度也会不一样。

以货币融资法为例，一般来说，计划经济国家大都采用第一种融资方式，即财政部直接向中央银行透支。银行为了帮助财政消除赤字，只好增发货币。在经济学里，把中央银行发行的货币，称为基础货币，由于它能衍生出数倍的信用货币，又称为“高能货币”。

举个例子。中央银行增发货币1000亿元，投入社会后变成国民收入，如果这些收入存入商业银行，商业银行只留200亿元应付日常业务，其余800亿元贷给企业A。A企业暂时不用，把800亿元贷款存入第二家银行，这家银行也留下20%（160亿元）做准备金，其余640亿元贷给企业B，而企业B又将640亿元贷款存入第三家银行……

如此一来，就像母生子、子生孙一样，1000亿元基础货币，最后扩大到原来的5倍，即1000+800+512+409.6+……=5000亿元。

由此可见，为了弥补财政赤字，中央银行增发高能货币，会使流通中的货币数量成倍增加，由于整个社会的物质财富并未增加，这样做，必会引发通货膨胀，并使经济偏离正常轨道。

与计划经济国家不同，市场经济国家多采用货币融资法的另两种方式。当中央银行不完全独立于中央政府时，政府会授意中央银行，直接购买政府债券；而在中央银行独立性很强的国家，则只能采取第三种方式，中央银行通过公开市场，从社会公众手中购买公债。

不管是哪一种方式，中央银行直接或间接购买公债所投入的货币，都未进入商业银行渠道，也就不会像前面讲的“高能货币”那样，鸡生蛋，蛋生鸡，使流通中的货币量一直增加下去，所以，与财政向银行直接透支相比，后两种货币融资法，对经济的负面影响要小得多。

债务融资更可取

话虽如此，但中央银行直接或间接购买公债，其实是不得已而为之，若政府一声令下，印钞厂就得昼夜加班，增发货币。从这个角度看，货币融资法不如债务融资法可取。

首先，政府发行国债，政府成了债务人，企业和个人成了债权人，这样做只是转移资金使用权，流通中货币量并没有增加，不会引发通胀。

其次，国债发行用的是市场手段，企业、居民也好，商业银行也罢，他们认购国债，都遵循自愿原则，发行国债所筹集的资金，大多也是社会闲置资金，自然不会对经济产生太大的不利影响。

赤字规模调控有度

扬汤止沸，不如釜底抽薪。从长远看，减少财政赤字最根本的办法，是开源节流，增收节支。可是，病来如山倒，病去如抽丝。要想在一个财政年度内达到预算平衡，通常是很难做到的。退一步说，倘若真的容易做到，也就不会有财政赤字了。

从发达国家的经验看，财政收支平衡主要是指长期平衡，少数年份也会出现较高的赤字率。比如近30年来，美国和日本的平均赤字率分别为2.6%和2.5%，但在不同年份，两个国家的赤字率波动较大。2014年，美国赤字率为4.1%，而日本则高达8.8%。

但是，即便财政从长期看可以平衡，也不意味着短期内可以随意加大赤字。借钱不可怕，可怕的是还不起钱。绝不能让赤字像滚雪球一样，无限增大，需调控有度。这个“度”既取决于一个国家的经济状况，也要依据经验数据进行科学分析。

目前，国际上评价财政赤字适度规模的常用指标有两个：一是赤字率，即赤字在GDP中的比重；二是负债率，也就是国债余额占GDP的比例。经验表明，赤字率在3%以内，负债率控制在60%以内，财政赤字就基本是安全的。

从我国情况看，迄今两个比例仍在国际公认的安全线以内。不过从数据上看，虽然我国财政赤字在短期内没有大的风险，但并不意味着没有隐患，例如各地“政绩工程”导致的地方财政亏空，已成为一大隐患。这就要求我们未雨绸缪，提前做好防范，尽快化解和降低地方政府的财政（债务）风险。

思考题

弥补财政赤字可采取货币融资与债务融资两种方法，你认为哪一种方式更可取？并说明理由。

第3节　政府发债与加税

财政出现了收支缺口（赤字），政府就得找到资金予以弥补。关于政府如何筹资，前面介绍过货币融资法与债务融资法，其实，这两种方法都是发债，只是发债对象不同而已。有学者提出，政府筹资除了发债外，还有一个办法，即增加征税。

英国国会展开辩论

19世纪初，拿破仑在欧洲大陆挥师南北，征战东西，德意志伏在他的脚下，奥地利屈从于他的军刀，土耳其苟延残喘，西班牙唯命是从，俄国亦步亦趋，英国也被他搞得焦头烂额。为了对付法国，英国牵头组建了反法同盟，这使得英国的军费开支日趋庞大，国库入不敷出。如何解决军费的筹措问题，是发行公债还是增加征税？英国国会为此展开了激烈辩论。

辩论的焦点在于：以上两种筹资方式的经济效果究竟有何差别？或者说，哪种方式对减少居民消费支出、紧缩国内经济的负面影响更大？

以马尔萨斯为代表的一派力主发债。他分析说，每年军援若需2000万英镑，英国平均每人需捐纳100英镑。若采用加税方式，居民每人就得从自己收入中节约100英镑，这无疑会减少国内消费，导致经济紧缩。但如果选择发债，由于国债当年无须还本，居民每人只需支付这100英镑的利息，若年利率为5%，则政府只需向每人增加5英镑的税收。如此，居民消费可大致不变。

另一派则以李嘉图为代表。李嘉图认为，马尔萨斯的看法纯粹是一种错觉。发行国债与加税的差别，仅在于公债要偿付利息。而利息偿还，不过是将纳税人的收入转移给国债的债权人，并不改变英国的财富总量。所以不论采取哪种方式，英国筹集2000万英镑用作军费，皆会减少居民消费，两种方式的经济效果是完全相同的。后来经济学者称此为“李嘉图等价定理”。

李嘉图的意思是：政府若不选择加税，居民虽不必每人缴纳100英镑的税，但政府就得发行2000万英镑的国债，假定年利率为5%、偿还期为1年，这样居民照样会紧缩开支。因为人们知道，国债明年到期，届时政府一定会增加征税，如果不提前将100英镑储蓄起来，到第二年政府加征105英镑新税时，将无法应对。

等价定理的政策含义

对于李嘉图等价定理，也可换一个角度理解。假定政府决定用公债来代替加税，一方面减税，使每个家庭的收入增加100英镑；另一方面，为了弥补税收减少，发行年利率为5%、偿还期为1年的公债，发行量与减税总额相当，这些公债虽然不是每个家庭都必须购买，但平均到每个家庭头上，仍旧是100英镑。面对这样的变化，每个家庭的消费支出会作出什么样的反应呢？

按照李嘉图的观点，由于每个家庭都会意识到，将来政府会用增加收税的方式偿还公债的本息，因而居民会把因暂时的减税而增加的100英镑储蓄起来，保持原来的消费水平不变。到了第二年，当政府为还本付息而增加105英镑的新税时，居民正好可用100英镑储蓄的本金和利息缴纳，原来的消费水平仍可保持不变。

据此分析，当政府为某一支出项目而筹措资金时，无论是增加收税还是增加公债，对国内消费都不会产生实质性影响，而且居民的消费行为也不会因公债对税收的替代而发生变化。

20世纪30年代，凯恩斯提出以发行公债的方式筹措资金，增加政府支出，扩大国内需求。如果李嘉图的等价定理成立，发行公债等同于增加收税，那么凯恩斯的政策主张对扩大内需就发挥不了多大的作用。

巴罗的补正

正是站在反对凯恩斯主义的立场上，美国预期学派经济学家巴罗对等价定理作了进一步的补正。的确，李嘉图等价定理存在一个基本困难：偿还公债是未来的事情，有一定的时滞期，特别是10年期、20年期的公债，偿还期还很长，而人却不会长生不老，如果人们意识到死亡可以逃避将来的税负，那么消费者很可能会在公债代替税收以后，大肆增加现期消费。这样，李嘉图等价定理就不成立了。

为了补正李嘉图等价定理，巴罗发表了《政府债券是净财富吗？》一文。他指出，大多消费者具有将一部分财产留给后代的动机（代际关怀），这种动机是利他的。换句话说，消费者不仅关心自己的消费，而且关心其子孙后代的消费，这样一来，由他本人来承担税负还是转由他的后代承担，就没有区别了。

比如政府用公债代替征税，一个消费者便可少缴100英镑的税。在巴罗看来，即使该消费者知道自己活不到偿还公债的那一天，也不会增加自己当前的消费。因为这个人是利他主义者，深知自己的后代要偿还公债本息，他会将这100英镑储蓄起来，留给后代。这样，等价定理仍然成立。

尽管经过巴罗的补正，等价定理仍有疑点。原因在于，无论是李嘉图还是巴罗，两人都将消费者看作一个整体，而没有分析其中的结构性因素。比如对富人来说，他们的收入很多，在扣除了消费支出以后，还有一些剩余，在这种情况下，如果政府对富人发行公债，然后用所得的收入来接济穷人，这样不会减少富人的消费，却增加了穷人的消费，站在全社会的角度看，发行公债的结果，便不会减少消费，而会增加消费。

在操作层面，等价定理虽存在某些疑点与缺憾，但它解释了公债本质：今天的公债就是明天的税收，偿还公债本息最终要靠增加征税来清偿，这一点，无论是对内债还是对外债都是适用的。

思考题

你认为政府筹资应该选择发债还是加税？李嘉图等价定理是否成立？请结合现实案例予以分析。

第4节　公债挤出效应

前一节介绍李嘉图等价定理，讨论的是政府公债与征税间的关系。这里再重点介绍公债发行的相关原理。

公债的类别

根据不同的标准，可将公债分成不同的类别。比如按照发行地域不同，可分为国内公债（内债）和国外公债（外债）。内债的债权人是本国公民和法人，一般采用本国货币为计量单位；外债的债主是外国政府、国际金融组织、外国企业和个人，计量单位是一种或几种外币。

就我们国内公债来说，根据发行主体不同，又可把公债分成两种：中央政府债券（国债）和地方政府债券。倘若按经济用途分，公债还可分为生产性公债、非生产性公债。前者是人们所熟知的建设公债，投向是大型建设工程，如铁路、公路、机场等；后者则用于非生产性支出，如建设公共图书馆、敬老院等。

如果以利率为分类依据，公债又分为固定利率公债和浮动利率公债。前者的利率在券面上事先注明，后者则承诺，债息与银行利率、物价水平同方向变动，可以确保债权人的财产保值。

与银行存款一样，公债有定期和不定期两种。定期公债，若偿还期在1年以内，称为短期公债；1年以上5年以下的，为中期公债；5年以上的，为长期公债。必须注意的是，不定期公债类似于活期存款，可随时支取。不定期公债也称永久性公债，发行时并不标明还本期限，债权人定期有利息收入，却不能随时取出本金，退还本金的时间，由政府视财政状况确定。

公债融资市场

与短期公债与中长期公债相对应，公债融资市场也分为货币市场与资本市场。融资期限在1年以下的融资市场，为货币市场；融资期限在1年以上的，则为资本市场。短期国债是货币市场的重要交易品种，由于风险小、流通性强，收益又相对较高，备受投资者青睐。

而中长期国债，不仅在资本市场占据一席之地，也是商业银行理想的二线储备。商业银行购买中长期国债，既充实了自有资本金，又可获得稳定的收益，而且还可以拿到二级市场变现。机构投资者看中了国库券背后有政府这棵大树，踊跃竞标参与承销发行，并经常光顾二级市场，大进大出获利不菲。

中央银行也是国库券交易中的常客，它的交易目的与普通投资者不同：当货币供给过多时，中央银行卖出国库券，回笼货币，平抑物价；反之则买入国库券，释放货币，刺激经济，国库券成了中央银行调控经济的重要工具。

公债发行原则

根据李嘉图等价定理：今天的公债就是明天的税。而且马克思也曾经说过：公债是“税收的预征”。这样看，政府发行公债，实际上是在当期税收与今后税收之间作选择。对此，大多经济学者认为政府应该把握的基本原则，是看资源配置效率。

倘若公债发行更有利于优化资源配置，当然可以发行公债；倘若增加征税更能优化资源配置，那么就应该以税代债。究竟具体用增加征税还是增发公债，还要看增加的政府支出属于何种类型。

政府部门支出，可分为经常性支出和资本性支出。前者形成当年的社会消费性支出，例如，政府发给公务员的工资、政府每年的军饷费用等，如果此类支出是来源于公债收入，则相当于让当代人受益，由后人偿债，这显然有失公平。因此，政府部门的经常性支出，应主要靠征税，而不应靠发公债筹集。

政府资本性支出，是指那些若干年内都能受益的投资，如建设铁路、机场等，不仅当代人受益，子孙后代也会受益。对此类投资，就应该一分为二，当年所需资金从税收中列支，后续资金则通过发行公债筹资，以充分体现谁受益谁付费的原则。

挤出私人投资

经济生活中，私人和企业之间的借债，债权关系比较简单，对整个经济的影响可以说微乎其微。政府发行公债，相当于政府开出借据，债权人是公众，债务人是政府。这种债权债务关系一旦发生，便会对宏观经济产生影响。

公债主要是用于政府投资，而社会财富总量是一定的，若政府这边占用资金过多，会使私人部门可用资金减少，即公债存在“挤出效应”。问题在于，公债发行的规模越大，政府偿债负担会越重，同时还会造成公共部门与私人部门之间的比例失调。

所以，政府应该对公债规模加以控制。根据经济学者已有的研究，认为公债规模有5个衡量指标，分别是：公债依存度、公债负担率、公债偿还率、公债限额动态指标、综合负债率。

公债依存度，是指财政对公债的依赖程度，也就是公债发行金额占财政支出的比重。目前，这个指标有三种计算口径：一是总债务（内债加外债）占国家财政支出比重，反映的是公债总体水平；二是内债比重，反映的是内债规模；三是内债在中央财政支出中的比例，体现的是政府部门的债务负担状况。

公债负担率不同于公债依存度，区别在于：其分子不再是公债发行金额，而是公债余额，其分母也不再是财政支出，而是国民生产总值（GNP）。因此，公债负担率所表达的是一国公债的负担状况。从发达国家经验上看，该指标不应超过45%。

公债偿还率这一指标相对容易理解，是指某年公债还本付息金额在当年财政收入中的比重。一般而言，这个数字要控制在10%左右。

公债限额动态指标，则是公债增长与GNP的比值，反映公债增长与GNP增长间的关系。假如，公债增长快于GNP增长，就意味着公债规模扩张过快，需要收缩；反之，公债增长低于GNP增长，说明公债还有发行空间。

最后一个指标，综合负债率，衡量着一国整体负债状况。其分子包括三项：政府内债、银行坏债和全部外债；其分母，则是按照现价计算的名义GDP。

思考题

为什么说公债存在挤出效应？公债负担率与公债依存度有何区别？并说明这两个概念的政策含义。

第5节　增税与减税之争

20世纪70年代，美国经济从顶峰跌入深渊：失业剧增，物价飞涨，经济陷入了“滞胀”。围绕着如何摆脱困境，在美国共和党和国会内部展开了一场关于增税与减税的争论。1984年，曾任里根政府财政部助理部长的经济学家保罗·克雷·罗伯茨出版了《供给学派革命：华盛顿决策内幕》一书，披露了这场争论的内幕。

增加征税的理由

人们通常认为，西方经济出现“滞胀”，赤字预算罪不可赦。长期以来，美国政府把凯恩斯主义奉为国策，希望通过需求管理拉动经济增长。可这种需求管理就像给经济注入兴奋剂，虽能立竿见影，但损害了肌体的健康，耗尽了体内的能量。在度过了20世纪50年代和60年代黄金般的岁月后，需求的火车头，再也拉不动经济沉重的列车了。

面对累积下来的赤字，政府无能为力，只好借债度日。结果央行被迫大量发行钞票，引起通货膨胀。为平抑物价，美联储又不得不关紧货币闸门。通货紧缩，利率上升，随之经济衰退，失业增加。当时朝野内外一致要求削减赤字。但具体如何削减，各派意见并不一致。

共和党内的权势集团认为，政府弥补财政亏空应增加征税；而供给学派则主张先放水养鱼，用减税刺激经济，等到蛋糕做大后，赤字则可迎刃而解。于是，争论的焦点便集中在减税和增税上。

共和党主张增税的理由是，在财政已经存在赤字的情况下，如果再减税只会雪上加霜，而且减税对经济的拉动作用，远不如扩大政府支出的作用大。比如，财政打100亿美元的盘子，一是用于减税，二是用于政府支出，两者的效果会截然不同。

他们分析说：若把钱交给政府，政府会将100亿美元悉数用出，那样会数倍地拉动需求。如果用于减税，由于收入有“漏斗效应”，人们受节俭心理的驱使，不会把钱花光，而会将一部分储蓄起来。这样，减税100亿美元，可能只有50亿美元用于消费。而要达到与政府支出相同的效果，得拿出200亿美元减税。200亿美元对100亿美元，谁优谁劣不言自明，所以他们建议政府增税。

供给学派主张减税

尽管上面的分析头头是道，但在供给学派看来，增税派忽略了一个关键因素：供给。从表面上看，政府支出（投资）的乘数比减税大，所扩大的需求也足以弥补高税收挤出的消费需求。但实际上，高税收不仅会减少消费，而且还会抑制社会投资。

对企业征收重税，投资者无利可图，当然不会扩大生产；对个人征收重税，若所得收入不如政府救济，自愿失业者会增多，劳动力供给会减少；与此同时，高税收还会减少银行储蓄，贷款会萎缩。这种在投资、劳动供给、贷款方面的损失，单靠政府支出是难以弥补的。

供给学派还指出，政府增税并不一定能增收，那种指望通过增税降低赤字的想法，无异于用盐水止渴。因为税收不仅与税率相关，同时也决定于税基大小。若税基变小，提高税率也将于事无补，甚至弄巧成拙，使政府税收减少。

美国经济学家拉弗教授曾用一条开口朝下的抛物线解释过其中的道理，经济学者称之为“拉弗曲线”。他用抛物线的高度表示“税收”，两个底端的连接线表示“税率”，再把这横竖两条直线交叉成一个直角坐标。见下图：

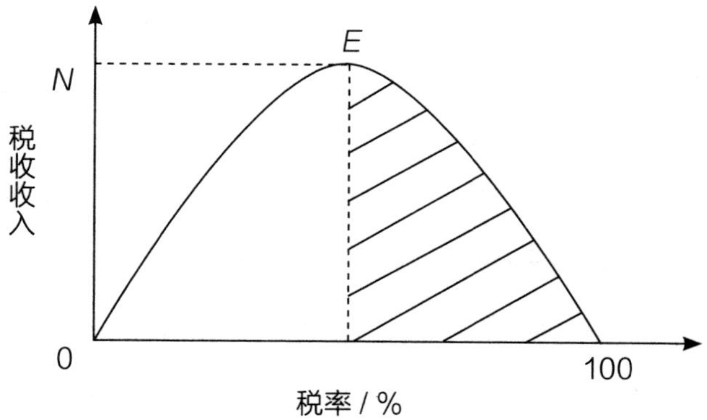

该曲线表明：当税率为零时，税收也为零。而当税率上升时，税收额也逐渐增加。当税率到达抛物线顶点时，若再提高税率，税收则会减少。因为税率过高使企业只有微利甚至无利，企业会缩减生产；政府课税基础缩小，税收也会减少。而当税率达到100%时，将没有企业愿意投资，政府税收也就降为零。

为方便理解，这里再举一个例子。有一个木匠，他一天能挣100美元，假定税率为10%，则可得到90美元纯收入。如果他的房子需要刷油漆，雇一个漆匠一天需80美元，进出相抵，自己还能剩下10美元，他会毫不犹豫地当一次雇主。这样，政府向木匠和漆匠收税共有18美元。

现在假定政府将税率提高到25%，木匠就得另做打算了。因为他交上税金后，就只剩下75美元，若再请个漆匠，还要倒贴5美元，这时候木匠肯定不会请漆匠，而是自己刷墙。结果，征税的对象少了一个，税基缩小，令政府税收反而减少到了10美元。

这里还要提醒读者的是，供给学派的减税，指的是降低边际税率，即对新增收入减税。以前，凯恩斯主义者讲减税，强调的是平均税率。他们认为，税收通过改变可支配收入，进而改变总需求。而供给学派强调边际税率，是因为他们相信，税收是通过改变对投资者、劳动者的刺激来对经济产生作用。

里根经济学

罗纳德·里根是第一个信奉供给学派的美国总统，而供给学派也确实和他休戚相关。里根能登上总统宝座，得益于一批供给学派的幕僚，也正因为有了里根，供给学派才得以一显身手，声名远播。西方国家一度有“里根经济学”的说法。

不过，里根经济学并不完全等同于供给学派。事实上，里根经济学一开始就是一种妥协，是供给学派、货币学派和共和党预算平衡政策的混合物。因此，里根政府的政策，总是忽左忽右。1981年，美国通过了历史上规模最大的减税法案，而一年之后，仍然是这个政府，又调转头来推行了一次历史上规模最大的增税。

对此，罗伯茨曾感慨万千：“顾问和官员一旦进入政府，就卷入了运用政策杠杆向上爬、在新闻界抛头露面的权力之争。决策者不是用原则，而是用权力解决问题，这就导致了经济的衰退。”

思考题

请你对20世纪70年代美国共和党内部发生的“减税与增税之争”发表评论。供给学派的减税主张与凯恩斯的减税主张有何不同？

第6节 税负转嫁与财政补贴

国家对某种商品征税，从表面上看，是这种商品的生产者缴纳了税金，但实际上，他可能并没有承担所有的税负，或者只承担了其中一部分，而将其余的部分转嫁给了别人，这就是税收的转嫁和归宿问题，是财政理论一个非常重要的课题。

供给弹性与需求弹性

如果你要进一步了解，纳税人是怎样将税负转嫁给别人的？他转嫁了税负的多大一部分？要回答这两个问题，我们就得首先理解一个经济学概念——弹性。

弹性的数学含义，是指两个变量的变化率之比。一种商品，比如说面包，如果它的市场售价增加了10%，供给相应地增加了15%，那么面包的供给弹性就是1.5；同时，如果面包的价格上涨以后，居民转而消费更多的米饭，对面包的需求减少了，减少的比例是5%，那么面包的需求弹性则为0.5。

不论是供给弹性还是需求弹性，只要弹性系数小于1，就认为缺乏弹性。相反，如果大于1，则是富有弹性。一般来说，如果一种商品的供给弹性很大而需求弹性很小，国家对这种商品课税，税负将更多地由消费者承担；反过来，如果供给弹性小而需求弹性大，那么这种商品的税负，将更多地落在供给者的头上。

这个结论尽管看起来有点复杂，但跟我们在日常生活中的感受是一致的。比如你要参加一个非常重要的会议，急需买一套像样的西装，在买与不买之间回旋余地很小，也就是需求缺乏弹性，如果你的这种心思被服装摊的摊主摸透了，他就会乘机抬高价格，“宰”你一刀，而你别无选择，情急之下也只好任“宰”。

要是将抬高的这部分价格，看作是一种“税”，那么，相应的税负就由你承担很大一部分。所以，那些善于杀价的人，总是力图掩饰他的真实想法。一种商品，即使非常喜欢，他也表现出可买可不买的样子，甚至假装离去，心里却希望摊主将他叫回来。用经济学术语来描述这种状态，就是他的需求表现得很有弹性，面对这样的买主，摊主只好忍痛割爱，降低售价。

价格变化导致转嫁

为了让读者深入理解弹性与税负转嫁的关系，我们不妨先看一个对面包征税的例子。

假定在政府对面包征税之前，面包市场供求平衡的销售量是100吨，均衡价格是每袋2元。在这2元中，既包含了供给者生产面包的成本，也包含了正常的利润。现在，政府决定对面包征消费税，每袋的税额是1元，那么要保持和原来一样的利润，供给者就得把面包的售价提高到3元。

现在假定，若消费者对面包需求完全没有弹性，也就是说，不论面包的价格多高，居民的需求量总是100吨，那么，他们就得被迫接受每袋3元的售价，纳税人将税负完全地转嫁给了消费者。另一种极端的情况，是供给完全没有弹性，生产者在短期内无法将面包的产量迅速地降下来，但需求非常有弹性，售价稍高于2元，居民的需求量会迅速地从100吨降为零。

这样一来，生产者为了将面包卖出去，就不能维持每袋3元的高价，而只好把价格降下来，并一直降到原来每袋2元的水平，这时的税负一点都没有转嫁出去，全部由生产者自己承担了。大多数的情况则介于两者之间，政府课税一方面提高了面包的价格，另一方面又降低了面包的产量。

假定在销售70吨和售价2.6元时达到了新的平衡，这时消费者买面包要比以前多花0.6元，承担了税负的60%。而生产者虽然在名义上缴纳了1元税金，但在扣除了这部分税金之后，每袋面包只比以前少卖了0.4元，因而他并没有承担所有的税负，只是承担了其中的40%。

财政补贴也可能转移

如果把政府提供的补贴看作是一种反向税收，转嫁也依然存在，而且，利用上面的分析方法，同样可以分析出这些补贴最终转嫁给了谁。比如在政府向农民提供补贴之前，小麦的市场售价是每公斤3元。现在为了调动农民生产小麦的积极性，政府决定对每公斤小麦提供1元的补贴，结果当年的小麦大幅度地增产了。

我们知道，小麦是一种生活必需品，它的一个重要特点就是需求弹性很小，当人们消费了一定的面粉之后，小麦的价格再低，人们也不会大量地增加自己的消费。这样一来，小麦增产以后，就无法维持原来每公斤3元的价格，而被迫大幅度降低售价，比如在每公斤2.2元时实现了供求平衡，此时农民只得到了政府补贴的20%，其余80%转移给了消费者。

在这里，政府对小麦种植者提供补贴，本来是想保护农民的利益，但由于存在补贴的转移，农民只得到了一小部分好处，这无疑会削弱政府扶持政策的力度。如此看来，单纯依靠补贴，无法有效地调动农民的生产积极性，所以西方国家常常在提供补贴的同时，还要辅之以其他政策，比如说限额。

经济学家之所以重视税负的转嫁与归宿，是因为其中蕴含着明确的政策含义。谁最后买单对公平和效率的影响很大，如果税负转嫁过多地损害了富人的利益，就会影响他们的积极性，带来效率损失；反过来，如果将税负过多地转嫁给了穷人，减少了他们的收入，就会有碍于社会公平。因此为了兼顾公平和效率，在设计税收结构时必须统筹考虑税负的转嫁与归宿问题。

同时，上面的讨论还有助于我们理解，为何西方国家在总统选举时，各候选人在税收问题上会持有不同的主张。原因在于，为了争取不同的选民，他们总是力图避免税负转嫁损害这类人的利益，或是通过补贴，间接地为这些人提供好处。在这种情况下，那些分布特别分散、组织起来特别困难的群体的利益往往要受损，而获益的则是那些活动能力强、比较容易组织在一起的群体。

思考题

请你运用供给弹性或需求弹性，结合现实案例解释税负转嫁的机理。为什么说政府补贴也可能转移？

金融机构八仙过海

中央银行吞吐万象

商业银行炼金有术

政策性银行方兴未艾

投资银行牵线搭桥

信托机构代人理财

证券公司三种角色

银行监管关乎金融安全

第六章
金融机构八仙过海

从本章开始，将给读者介绍金融方面的知识。从哪里讲起呢？我反复考虑，觉得应该先讲金融机构。金融机构是从事资金融通的机构。其中，中央银行是“银行的银行”；其他金融机构如商业银行、政策性银行、投资银行、信托公司、证券公司等作为提供融资服务的企业，如八仙过海，活跃在金融市场。

第1节 中央银行吞吐万象

倘若说货币是现代市场经济的血液，那么，中央银行就好比心脏，吞吐万象。央行不同于商业银行，它既不以营利为目的，也不经营普通的信贷业务，其主要职能，是运用政策工具控制货币供应量，调节信贷总规模，为经济发展创造良好的金融环境。

狭义货币与广义货币

提起货币供给，人们很容易想到“发钞票”。其实，中央银行控制货币供应量，不仅指流通中的现金，而且也包括存款。不同的货币资产，流动性会有所不同。活期存款显然比定期存款提现方便；而用现金进行交易，又比活期存款少许多麻烦。于是，各国根据货币资产的流动性将货币供给划分为不同的层次。

具体地讲，流通中的现金，称为M0，它与消费物价水平变动密切相关，流动性最强。M0加上企事业单位活期存款，则通称M1，也叫狭义货币供应量，其数量变化，反映企业资金松紧状况。

在M1的基础上，再加上企事业单位定期存款，以及居民储蓄存款，便构成了广义货币供应量，也称M2，它的流动性最弱，但能反映社会总需求的变化，是宏观调控的重要参考指标。

当经济萧条时，央行实行扩张性货币政策，增加货币供给，刺激经济复苏；当经济过热时，央行会实行紧缩性货币政策，减少货币供给，保持经济平稳运行。

货币政策工具箱

中央银行的货币政策工具箱里，有三件“法宝”：存款准备金率、再贴现率和公开市场业务。

各国金融法规皆明确规定，商业银行必须将吸纳存款的一部分存到央行，这部分资金与存款总额的比率，即为存款准备金率。央行提高存款准备金率，流通中的货币量会成倍缩减；反之，如果央行调低存款准备金率，流通中的货币量便会成倍增加。

中央银行作为“银行的银行”，充当的是最后贷款人角色。也就是说，若商业银行囊中羞涩，就得向中央银行求借。借钱当然不能空手套白狼。比如当企业向商业银行求贷时，通常需将未到期的商业票据转让给银行，称之为“贴现”。商业银行向央行借钱也是如此，需将手中的商业票据转让给央行，称为“再贴现”。

中央银行接受商业银行的票据，要在原价基础上打折，其折扣率即为“再贴现率”。显然，央行提高或降低再贴现率，相当于增加或减少商业银行的贷款成本，对其信用扩张或抑或扬，会导致货币供应量随之收缩或膨胀。

存款准备金率和再贴现率，皆有一个共同点：力度大并显效强。1998年发生亚洲金融危机后，1999年3月，我国央行将存款准备金率降了2个百分点，同时也调低再贴现率，使商业银行一下多出了2000多亿元的可用资金，此举对扩大投资与消费起到了积极作用。

不过，存款准备金率和再贴现率对一国金融容易药猛伤身，不到重要关头，央行一般不会轻易动用。在央行的“三大法宝”中，使用最多的是公开市场业务，即央行在金融市场上买卖有价证券（如国债）。当央行买进有价证券时，向出卖方支付货币，从而增加了流通中的货币量；反之，则减少货币量。

公开市场业务最大的优点，是央行可以经常用它对经济进行微调，不仅操作灵活方便，而且对经济的震动也小。以美国为例，从20世纪50年代起，美联储90%的货币吞吐，是通过公开市场业务进行的，德、法等国也是大量采用公开市场业务调节货币供应量。

需要指出的是，公开市场业务要有效发挥作用，前提是央行必须有雄厚实力、利率实行市场化、国内金融市场发达、可供操作的证券种类齐全等。

补充性政策工具

中央银行货币政策的“三大法宝”，被称为常规性的政策工具。除此之外，还有选择性政策工具和补充性政策工具。前者指央行对某些特殊领域的信用调控。比如为防止房地产市场过热，央行对金融机构不动产放款作出专门规定；

为抑制通货膨胀，央行对耐用消费品信贷消费作出限制；为遏制证券市场过度投机，提高证券保证金率。

补充性政策工具，可分为直接信用控制与间接信用指导两类。为防止商业银行抬高利率吸储或从事高风险融资活动，美国在1980年以前，曾用“Q条例”限制商业银行存贷款最高利率以及流动资产对存款的比率这些具有强制性的信用控制手段，干预商业银行信贷活动。

中央银行采取直接信用控制，就如同严厉的父亲管教不听话的孩子；而间接信用指导，则像慈母苦口婆心循循善诱。其中，道义劝告便是各国央行经常使用的工具之一。央行行长与金融巨子们见面恳谈，共进晚餐，在握手举杯之间，点明央行货币政策意图，以求得理解与合作。

例如当国际收支出现赤字时，央行会劝告金融机构减少海外贷款；当房地产与证券市场过热时，又会要求商业银行缩减对这些市场的信贷。典型的例子，是第二次世界大战后日本盛行的“窗口指导”，央行根据产业行情、物价趋势以及金融动向，会给商业银行提出“利率与贷款额度”方面的建议，若商业银行不听招呼，央行则会削减向该行的贷款额度，甚至停止提供信用。

然而，尺有所短，寸有所长。央行的货币政策要取得满意的效果，三大工具需要合理搭配。比如，央行试图提高再贴现率控制信用膨胀，可有些商业银行会通过同行拆借、发行票据、国外市场筹资等获得资金，而无须向央行求借。此时如果央行再辅以公开市场业务，在市场上低价卖出证券，商业银行便会见利而收购，这样，紧缩性货币政策的目的便可达到。

思考题

为何说中央银行是“银行的银行”？中央银行掌握的货币政策工具有哪些？

第2节 商业银行炼金有术

在商业银行产生前，贸易结算大多是用金银货币。金银货币虽有保值功能，可使用起来有诸多不便。自从有了商业银行，客户只需将金银货币存入银行，银行给开出商业票据，买卖双方只要一票在手，便可随时到指定银行兑换出金银。

创造信用货币

商业银行的职能，最初是吸储或放贷。而到了17—19

世纪，西方国家许多商业银行以资产、信誉作担保，发行一定面值的银行券，这便是今天纸币的前身。在银行业竞争、整合中，资金最雄厚、信誉最好的大银行，得到政府的支持，依法取得了银行券（法定货币）的发行权后，于是成为该国的中央银行。

随着中央银行与商业银行分离，“创造信用货币”的功能，便转由商业银行承担。读者不要误会，我们说商业银行创造信用货币，并不是指商业银行自己能够点石成金。事实上，商业银行创造信用货币的过程，是从中央银行发行货币开始的。

让我举个例子解释：假定一个国家之前没有货币，现在中央银行发行1200元，并通过商业银行贷给了居民和企业。又假定他们将其中1000元存入商业银行，于是，商业银行便从居民和企业手中借来了1000元。商业银行吸收1000元存款，绝不会放在金库里不动，因为银行在商言商，希望获得更多利息。

其实，银行家早就发现，储户存入银行的钱大多是闲散资金，不会今天存明天取，而会相隔一段时间，并且每个储户提款的时间也不会相同。银行天天开门营业，顾客有存有取，通常情况下，银行当天吸收的现款便可抵付储户取款。这样就给了商业银行借鸡生蛋的机会，银行只需留下少量现金以备不时之需，其余则可贷放给企业，去赚取存贷利差。

货币乘数及其机理

商业银行创造信用的能力，主要取决于存款准备金率，即库存现金与存款总额的比率。假定存款准备率为20%，用前面的例子，储户将1000元全部存入某商业银行后，商业银行只需留下200元备用，其余800元则可以更高的利率，放贷给A企业。

事情到此并没有完结。假定A企业将得到的800元贷款又存入第二家银行，该银行也留下存款额的20%，即160元作为准备金，其余640元贷给B企业，而B企业又将640元贷款存入第三家银行，该银行如法炮制，留下128元作为准备金，将其余的512元贷放出去。

依此类推，在整个商业银行系统，便产生了一系列的存贷反应，就像母生子、子生孙一样。1000元活期存款，能繁衍出5倍于自身的存款货币来，即1000+800+512+409.6+……=5000元。

可见，商业银行创造货币的能力，决定于法定存款准备金率。若将准备金率降为10%，1000元的活期存款会创造出10000元的活期存款；若准备金率再降为5%，1000元的活期存款将创造出20000元的活期存款。也就是说，商业银行存款扩张的倍数，恰好等于准备金率的倒数。

经济学者给这种现象专门起了名称，叫“货币乘数”。

也就是说，商业银行造钱，并不像老百姓那样用加法，日积月累，一分一厘地积攒，而像用乘法，使存款量成倍地增长。从这个角度看，商业银行的炼金术，与中央银行的印钞机相比，有过之而无不及。

中央银行发行的货币，称为基础货币，由于它能衍生出数倍于己的账面财富，所以也称“高能货币”。人们通常把最初存入商业银行的存款，称作原始存款，把在此基础上扩大的存款，叫作派生存款。商业银行派生存款的数额越大，资金利用率就越高，银行利润也就越多。

面临的制约因素

随着支票、信用卡、电子货币的出现，经济交往中提取现金的情况越来越少，商业银行准备金率下调的空间也不断增大。但是，这种以钱生钱的办法像走钢丝，人离地面越高，钢丝越长，摔下去的危险也就越大。

比如商业银行准备金率如果过低，一旦遇到风吹草动，很容易出现银行提挤，引发信用危机。中央银行作为最终贷款人，遇到这种情况需承担现金兑付责任，所以，对商业银行的准备金率，各国中央银行都有严格的规定。

需要指出的是，除了准备金率外，商业银行创造存款货币，还要受诸多因素的制约。比如储户出于多种考虑，不会将全部现金存入银行，总要留一些方便日常支出，这样就不像前面假定的那样，全部现金都进入银行，而是有一部分漏损，漏损金额与存款总额的比率，称为提现率。提现率越高，银行存款放大的倍数就越小。

再有，由于储户成千上万，偏好各不相同，有的看重存取方便，偏好活期存款；有的则看重定期存款的高利息。由于两种账户存取方式不同，商业银行的准备金率也需差别对待。而两种存款账户此消彼长，往往会使商业银行创造存款的数量发生变化。

另外还有一种情况，经济发展难免会有波动，当经济处于萧条期时，企业贷款投资的欲望会转弱。在缺乏贷款需求的情况下，银行库存现金会增多，此时下调存款准备金率也将于事无补。相反，受其影响，商业银行创造存款的能力会成倍收缩，即便央行增加货币发行，货币也只会在商业银行系统空转。

思考题

为何说商业银行可以创造信用货币？并结合案例对“货币乘数”作解释。

第3节　政策性银行方兴未艾

在众多的金融机构中，政策性银行比较特殊：它不吸收居民存款，而由政府出资组建；它不像商业银行以营利为目标，却像一位心系天下的君子，把社会利益放在第一位；它既要履行银行职能，又要按政府的意图行事。

弥补市场缺陷

早在一个半世纪前，政策性银行就已经出现。不过，长期以来由于西方国家崇尚自由放任的市场经济，在整个金融体系中，唱主角的是私营商业银行，政策性银行并没有得到长足发展。

第二次世界大战结束后，西方世界满目疮痍，急需医治战争创伤；广大发展中国家取得独立后，也亟须振兴民族经济。战事消弭，百废待兴，不论是基础设施建设，还是产业结构调整，动辄需要上百亿乃至千亿元的资金，对于饱经战火的商业银行，无疑是天文数字。

而且，这些项目不仅回收期长，获利还非常微薄。放贷不挣钱，商业银行避之不及。在这种市场出现“失灵”背景下，政府只好借助“有形之手”，通过组建政策性银行融通资金，弥补市场缺陷。第二次世界大战后数十年间，政策性银行在世界范围内蓬勃兴起。

一般地讲，银行资金由两部分组成，一是自有资金，二是外来资金。商业银行自有资金通常是通过发行股票募集，私人股东占大头，其外来资金主要是靠吸收储户存款。而政策性银行的自有资金，则是来自财政直接拨款，其外来资金也不是通过吸储方式筹集，而是来自向财政部或央行借款。这些资金不仅数额大、利率低，而且期限长，一般在15年以上。

与此同时，政策性银行由于有政府作担保，依靠主权国家的信用，到国际金融市场融资也就相对容易。许多国家的法律规定，政策性银行可以享受税收优惠，如免交所得税等。不仅如此，政府作为政策性银行的股东，不仅红利分文不取，让其留作银行储备金，还经常追加资金，壮大政策性银行的实力。

自负盈亏的独立法人

政策性银行既然是银行，就有与商业银行共同的特征。它通过负债业务吸收资金，再经过资产业务发放贷款，起到了借贷中介人的作用，是借者和贷者之间的桥梁。它外借的资金不仅要还本，而且要付息。虽然政策性银行扶持公共产业，更注重社会效益，但也要力争保本微利，尽量减轻国家财政负担。

政策性银行服务于国家开发和建设大局，经营范围明确，很少与商业银行竞争，但也并非国家财政的出纳员，而是自负盈亏的独立法人，故政策性银行普遍建立了完善的内控机制，采取严格的项目评审制度，实行独立的项目决策，能够较好地规避风险。

由于政策性银行一般不设立分支机构，因此，常常需借助商业银行的网点优势，开展互利合作。比如，2001年8月13日，中国进出口银行分别与中国银行、中国工商银行签订了《全面合作框架协议》，工行、中行为进出口银行提供代理出口信贷、国内人民币结算、资金清算等业务。

各国在不同的历史时期，政策的侧重点会有所不同，政策性银行的经营方向也会随着政策导向不断调整。日本的开发银行，20世纪50年代和60年代配合战后重建，贷款重点投向电力、煤炭、钢铁和造船等基础工业。而70年代以来，贷款又转向支持地区开发，改善大众生活，着力解决城乡差别、老龄化等问题。

德国复兴信贷银行在完成联邦德国战后重建以及对原民主德国援助的任务后，开始把业务重点转向住宅建设、中小企业发展和环境保护上来。新加坡由于基础设施有限，自20世纪70年代起，其开发银行就开始扩展商业银行和投资银行业务，现在已是一个上市的全能银行，仍是支撑新加坡资本输出、对外发展的重要支柱。

政策性贷款的优势

与财政拨款相比，政策性贷款具有明显的优势。由于贷款不是无偿的，只是利率较低，到期要收回本金，这样财政资金便可以起到“以小拨大”的作用。比方说，假若与商业银行的贷款利差为4%，那么，财政只要发放1亿元贴息，便可以带动25亿元的社会资金。

在扶持经济发展的同时，政策性银行并非无利可图。如果把商业银行比作零售店，那么政策性银行就像批发市场，贷款虽然利差小，但数额巨大，如果政策对路，项目选择得当，贷款期满时银行也将获利不菲。

亚洲金融危机发生后，政策性银行愈发引人注目。面对企业破产、商业银行倒闭、失业率急剧上升的局面，受危机冲击的国家，再次发挥政策性银行的作用。1998年，日本开发银行用于恢复经济的贷款，占其当年贷款额的42%。马来西亚发展银行调整经营方向，重点加大基础设施投入。我国的政策性银行，也是国家宏观调控经济的重要工具。

思考题

西方国家为什么设立政策性银行？政策性银行与

商业银行有何区别？怎样发展好我国的政策性银行？

第4节　投资银行牵线搭桥

说起投资银行，人们往往会望文生义，以为它是自己拿钱给项目贷款的金融机构。其实不然，投资银行主要不是拿自己的钱投资，而是作为中介牵线搭桥，协助政府或企业融资。与商业银行不同，投资银行不办理资金存贷业务，主要是承销各类证券。

投资银行的缘起

1801年，美国国会通过议案，欲拨款200万美元购买法属路易斯安那州的新奥尔良港口。没承想拿破仑突然决定，要将200平方公里的整个新奥尔良以1500万美元的价格出售。这无异于天降洪福，若以此价格计算，每英亩土地仅折合4美分。

拿破仑虽然要的是白菜价，可美国政府一时拿不出这笔钱，眼看要坐失良机，情急之下，杰斐逊总统只好向英国银行家霸菱求助。而霸菱不负所托，游说几家大银行，联合认购美国政府债券，最终促成了这笔买卖。霸菱扮演的这种融资中介角色，便是投资银行最初的雏形。

投资银行真正快速发展，还是20世纪30年代以来的事。此前，商业银行和投资银行如同两兄弟在一起搭伙过日子，由于分工不清，频频引发冲突，迫不得已，投资银行决定自己另立门户，经过几十年苦心经营，如今也成了腰缠万贯的“款爷”。

投资银行盛行全球，但称谓有所不同，英国称为商人银行，日本叫证券公司。这很像鲁迅在《藤野先生》中所写的：北京的白菜运往浙江，被尊为“胶菜”，福建野生的芦荟到了北京，美其名曰“龙舌兰”。投资银行虽在各国称谓不同，但其业务并无明显差异。

投资银行定位

投资银行主要有四类：独立的专业性投资银行、商业银行拥有的投资银行（商人银行）、全能性银行直接经营投资银行业务、大型跨国公司兴办的财务公司。但不论哪一种，它们所从事的业务皆是证券承销和交易、企业兼并重组、投资咨询和项目融资，以及风险资本业务等。

投资银行承销的证券，不仅包括政府债券、企业债券和股票，还承销国际金融机构发行的证券。当然，投资银行有严格的预审程序，事前会委托注册会计师、律师对证券发行方做“尽责调查”；就证券发行的种类、时间和条件等提出建议，拟订上报证券管理部门的可行性报告、公司章程、募股说明书等。

在通过证券管理机关核准后，投资银行与发行方才签订承销合同。一般情况下，投资银行会采取包销方式，即先行将证券全部按议定价格买下，然后再分销。但如果证券数额过大，也可由一家投资银行担任主承销商，若干家投资银行担任副主承销商。

可如果投资银行认为证券发行风险较大，或发行方条件过于苛刻，自己不愿意包销，便可采取代销方式。选择代销方式，投资银行得到的佣金自然要比包销少，但能将未售出的证券交还发行者处理，自己不至于赔本。

投资银行在初级市场签订承销合同后，还得进入证券交易二级市场。在这个市场上，证券在交易所（或场外市场）集中交易，但买者与卖者之间并不直接见面，而是由投资银行接受客户委托，按照客户指令，促成客户所希望达成的交易，并据此收取一定佣金。

投资银行为提高资产收益，也可在二级市场从事套利活动。这类交易活动，可分为无风险套利和风险套利两种。投资银行进行无风险套利，是指利用不同交易所之间的微小利差，靠大批量地买进卖出证券获利。所谓风险套利，是当企业在股市并购或股权重组时，兼并方与被兼并方股价会发生变化。投资银行依靠自己预测，提前卖出或买进某方股票而套利。

正是有了投资银行的介入，二级市场不仅交易快捷，而且加速了资金流动。与此同时，投资银行的无风险套利，一定程度上起到了稳定股市的作用；而其风险套利，则为股民提供了跟进跟出的风向标。

推动企业购并

自20世纪60年代以来，企业购并高潮迭起：既有大鱼吃小鱼，又有“蛇吞象”。投资银行在其中穿针引线，发挥了积极作用。

第一，提供购并策划和咨询，即投资银行不仅为兼并方（猎手公司）和被兼并方（猎物公司）沟通信息，提出收购建议，制定收购计划，拟定购并报告，而且能凭借自己多年摸爬滚打所建立的客户关系，帮助兼并方融通资金，完成购并。

第二，从事产权投资，也就是人们常说的“炒产权”。此时，投资银行会亲自出马，先投资买下企业产权，经过调整改造后或整体转让，或分拆卖出，或整体包装上市抛售股权套现。

第三，从事风险资本投资，即私募发行证券融资。前面我讲投资银行在市场上承销证券，指的是公募发行；私募发行是指股票不上市，由投资银行做媒，联系并组织机构投资者私下认购。

金融界有人戏称，投资银行赚钱一靠脑袋，二靠嘴巴。在过去半个多世纪里，投资银行凭借天才般的创意和三寸不烂之舌，风光独占，赚得盆满钵满。但随着金融业竞争日趋激烈，未来投资银行将会面临诸多挑战，当然，也存在更大的拓展空间。

从全球范围看，投资银行业务仍在不断创新，有的在努力实现多角化经营，有的则扬长避短，走向专业化。如著名投资银行美林公司，就在基础设施融资方面享有盛誉；高盛公司以研究能力及承销而闻名，所罗门兄弟公司以商业票据发行见长，第一波士顿公司在私募方面遥遥领先。

有道是，戏法人人变，绝招各不同。只有勇于迎接挑战，大胆创新，打造出自己的核心竞争力，投资银行业才能长盛不衰。

思考题

投资银行有哪些类型？为何说投资银行属于融资中介机构？它具体有哪些作用？

第5节 信托机构代人理财

信托机构不同于投资银行，其经营宗旨为八个字：“受人之托，代人理财。”受人之托，表明信托机构与客户之间是一种委托关系；代人理财，则是指信托机构所从事的经营业务定位。

四大要素与三个当事人

13世纪的英国，宗教气氛浓重，人们笃信“活着要有捐献，死后才能升天”，纷纷把土地遗赠给教会。教会拥有良田万顷，却无须纳税，令国王恼羞成怒。于是英王亨利三世颁布《没收条例》，规定凡土地让与教会，须经君主许可，否则将予以没收。

虔诚的教徒中有一些法官，绕开《没收条例》，创造出“尤斯”（USE）制度：把土地赠送给教会之外的第三者，由其代管经营，并且约定，土地收益转交教会。有道是，无心插柳柳成荫，“尤斯”的始作俑者没有想到，他们的这一创造后来竟催生出一个新产业——信托业。

要开展信托业务，需具备四大要素：信托行为、信托关系人、信托目的和信托标的物。这些都是法律概念，通俗地说，信托行为就是当事人划清责权，白纸黑字，签字画押。信托关系有三方当事人，分别称作委托人、受托人和受益人。比如有人把家产交给信托机构代管，死后传给儿子，那么，父亲是委托人，信托机构是受托人，儿子是受益人。

如果让信托公司帮你买卖债券，若干年后连本带利拿回来归自己享用，此时，委托人和受益人就合二为一。信托目的即委托人的打算（你想让信托公司做什么），是传递家产、资产增值，还是将遗产捐献给社会，必须事先说清楚。信托标的物，就是委托人托付出去的财产，如土地、房屋、股票、债券、养老金等，信托公司统统包管。

个人信托

根据信托服务对象的不同，信托业务可分为两类：以自然人身份办理信托业务，称为个人信托；以单位或公司等名义办理的信托，称为法人信托。

个人信托业务五花八门，梳理起来，大致有五类：财产处理信托、财产监护信托、人寿保险信托、特定赠与信托和个人代理业务。财产处理信托有两种：一为合同信托，二为遗嘱信托。前者多为工作繁忙、客居他乡的客户所设立，该类客户在信托机构开设账户，将自己的积蓄托其管理，以远方子女、亲友为受益人。为防止受益人肆意挥霍，他们与信托公司会订立“生前兑现”合同。

遗嘱信托，顾名思义，是根据个人遗嘱设立，在委托人去世后才能够执行。信托机构接受委托，替无行为能力人的财产担任监护人，被称为财产监护信托。比如某人突患精神分裂症，在神志清醒时，将财产委托给信托机构，患病后由信托机构负责安排护养事宜，则可归入此类。

倘若有人买了人寿保险，又不幸辞世，其亲属会得到保险公司的赔偿金。可如果他们既无力赚钱，也不会花钱怎么办？针对此类情况，美国信托业率先推出了人寿信托业务，他们受投保人委托，负责其身后的赔偿金保管、增值，并定期支付给客户指定的受益人。

个人代理保险业务，共有三种：信托机构向委托人出租保险箱，存放金银细软、机密文件等，属于保管代理；受托人接受委托人的证券，为其提供投资、咨询、财会服务，称为辅助代理。相对来说，管理代理覆盖面更广，信托机构不仅可全权代理委托人的证券，还可为其从事不动产中介代理服务。

法人信托

个人信托肇始于英国，至今在英国信托业中仍占大头。而当信托业传入美国后，法人信托在美国搞得风生水起。作为世界金融的心脏，美国资本市场尤为发达，公司债发行信托业务也因此得宠，并成为美国信托业的主干。

我们知道，公司发行债券，必须有相应的财物作抵押。如果企业破产，债权人能够从抵押品中得到相应的补偿。可问题是，债券持有者成千上万，他们无法了解发债方的资信和抵押情况，而信托机构对此十分在行，而且也乐意效力。它们以债券持有者代理人的身份，对发债公司实施监督，维护投资者利益。如果债务人违反协议，信托公司可以诉诸法律。

信托公司的这种优势，也为股民所推崇。人们购买股票，有的人是希望股价上涨后抛出去赚钱，而也有人希望定期分红，并作为股东参与公司决策，行使表决权。可股东购入的股票杂七杂八，总不能天南地北到各处去投票，于是有股民将表决权摘出来，交由信托机构代为行使。

近年来，在信托机构的业务中，设备信托增长迅速。大型设备生产厂家为推销产品，将成套设备委托给信托机构；信托机构既可将设备出租，又可出售，他们联系的顾客，既能通过分期付款购买，也可以租用。

当然，信托公司不仅承揽设备信托这类大买卖，同时也做不起眼的小生意。比如办理股票过户手续，上市公司嫌头绪乱，股民也觉得太麻烦，而信托公司可两头受托，赢得商机。此外，证券登记代理、支付代理、整合代理、保管代理等业务，也都给信托公司带来不菲的利润。

信托机构除了给企业、个人提供服务外，也承担了大量公益信托业务。不论是政府公共基金，还是慈善团体基金，信托机构都会上门，为客户提供代为理财和经营管理方面的服务。

“横看成岭侧成峰，远近高低各不同。”需要提点的是，以服务对象划分信托业务，只是分类方法之一。如果换个角度，以信托目的分类，可以分为民事信托与商事信托；根据信托标的物不同，可分为资金信托、实物信托、债权信托和经济事务信托等。

随着金融领域竞争的加剧，信托机构除了守住老本行外，也积极参与基金、投资银行业务，在企业并购、项目融资、公司理财、投资咨询中，努力拓展，广泛涉足。时至今日，信托业已卓然一家，同银行、证券、保险一起，并列为现代金融业四大支柱。

思考题

英国的个人信托与美国的法人信托各自有何特点？请你谈谈我国信托业未来的发展趋势。

第6节　证券公司三种角色

证券公司是专业的证券经营机构，在证券交易市场（二级市场），从事证券经纪业务、证券自营业务和证券做市业务，也就是说，它是集“经纪商”“自营商”“做市商”三种角色于一身。

证券经纪业务

古往今来，经济学家中的大富翁似乎屈指可数，而李嘉图便是其中之一。他14岁的时候，就成了伦敦乔纳森咖啡馆的常客。他来这里并不是为了品尝咖啡，而是怀揣着一大沓当时发行的政府债券以及矿山、铁路和运河股票，看能否卖个较高的价钱，然后再以较低的价格买回去。

在这个咖啡馆里，聚集了众多像李嘉图这样的炒家，只要价钱合适，买卖双方就立马成交。他们不仅自己买卖，同时也为别人代劳，以此收取事先谈好的佣金。这项工作，李嘉图做了十多年，在他26岁时，已经成了伦敦有名的百万富翁。而在这间后来成为“伦敦证券交易所”前身的咖啡馆里，他度过了早年的职业生涯——一个成功的证券经纪人。

证券经纪业务的兴起，与证券的流动性有极大的关系，作为一种信用工具，资产变现性强是其魅力所在。只有当证券持有人可按自己的需要随时将证券变现，或根据自己的偏好自由买进证券的时候，他们才会把更多的货币投进证券市场。

而对需要资金的企业来说，只要在证券市场筹到资金，就可长期使用，而无须担心资金会临时抽逃。这种把短期资金转作长期投资的前提，就是证券可自由转手。而这一切，又得归结于证券交易市场和证券交易制度。

作为证券交易市场最早的组织者，早期的证券经纪人功不可没。但随着证券市场的不断发展，如今很多国家都建立了自己的证券交易所，而从前证券经纪人的职能，也已逐渐被资金更雄厚、信誉更好、实力更强的证券交易商——证券公司所取代。

所有证券交易所都明文规定，普通投资者买卖证券，不能在证券交易所内直接交易，而必须委托给交易所特许的“经纪商”，代其在证券交易所内买卖证券。作为专业的中介机构，证券公司有义务按照委托人规定的条件，代买方或卖方在交易所内直接竞争，以尽可能有利的价格进行交易。

这种接受客户指令、代客户买卖有价证券、充当交易双方的中介同时收取佣金的行为，便是证券公司的证券经纪业务。在整个代理过程中，证券公司不能参与，也不能决定委托人选择和买卖证券的种类、数量和价格，所承担的只是代理责任，要完全听命于委托人。

证券自营业务

证券公司从事经纪业务不过是隔岸观火，无须承担风险。所谓自营业务，则是指证券公司自己买卖证券，即用自有资金和账户买进证券，同时相机卖出自己手里的证券，以赚取价差收益，当然出现亏损也得自己承担。

证券自营业务客观上起到了活跃证券市场、维护交易连续性的作用，但其“双刃剑”特征也很明显，因为证券公司资金雄厚，又有信息优势，因此极易操纵市场，造成股票价格的波动，故人们称“自营商”为“庄家”。在高收益和高风险并存的证券市场，“庄家”虽比普通投资者更有资金和信息优势，但也承担着比普通投资者更大的风险，有时甚至会面临倒闭的危机。

假如股票市场交投不活跃，投资者在购买股票时，就会担心将来套现困难而不敢买进，或者担心只有在股价出现大跌时才可找到买家，结果必然亏本出局。这样，他们便会对证券市场望而却步，令交易愈加萎缩。资金滞留在证券市场之外，不能转化为投资，一级市场的发行就会面临巨大困难。这些问题如果不能很好解决，证券市场的筹资功能便无法最终实现。

证券做市业务

有鉴于此，证券交易所在每家公司上市时，会要求该公司安排好几家证券交易商。这些证券交易商要以自有资金为保证，承诺对卖家买进股票，对买家卖出股票，以保证股票交投活跃。由于这些交易商有助于“制造”股票的流通量，所以也称“做市商”（market maker）。

说起来，“做市商”的出现纯粹是一个偶然：1875年，在纽约证券交易所，所有证券经纪人都拿着客户的委托单，在交易所大厅里来回走动，以喊价的方式，向别的经纪人竞买和竞卖。有一天，一个叫鲍德的经纪人把腿摔断了，他不能去大厅为客户买卖证券，为此非常苦恼。

后来他想出了一个办法，他搬来一把椅子坐在大厅里，左手举着买价，右手举着卖价，并宣称只买卖西方联合公司的股票；而大厅里其余的经纪人，只要接到西方联合公司股票的定单，就来找鲍德。所有经纪人都因此得到了方便，而鲍德也赚到了买卖差价。

鲍德无意中开创了一种与“竞价交易”完全不同的“报价交易”方式。如今，鲍德坐过的那把椅子，已作为文物收藏在纽约证券交易所里；而“报价交易”一直保留下来，并逐渐演变成了证券市场一种流行的交易制度。

在“做市商制度”下，证券买卖双方无须等待对方的出现，只要有“做市商”出面承担另一方的责任，交易便算完成。为确保每一只股票在任何时候都交投活跃，每个“做市商”都必须有足够的自有资金，否则，做市业务就难以进行。

如果“做市商”拥有足够的资金，便可先期购入足够的做市证券作为库存，以随时应付任何买卖。然后，“做市商”不断向投资者进行连续的买卖双向报价，并随时准备在其所报价位上，接受投资者的买卖要求。当接到投资者卖出该种证券的指令时，以自有资金执行买入；当接到投资者购买该种证券的定单时，用其库存证券执行卖出。

不难看出，“做市商”其实是构造了一个证券的“蓄水池”。他们用自己的资金，以“为卖而买”和“为买而卖”的方式，联结了证券的买卖双方，引导市场交易。同时，也为证券转手提供方便，从而维持了证券的价格稳定。

思考题

证券公司为何要集“经纪商”“自营商”“做市商”三种角色于一身？并用案例作解释。

第7节　银行监管关乎金融安全

有一则寓言：农夫牵驴子过悬崖，用力牵驴子靠里走，可驴子不从，越牵越往外挣扎，最后失足深谷，一命呜呼。金融监管当局就像这个农夫，管制过严会遭银行抱怨，但监督太松必酿成大祸。银行监管关乎金融安全，已越来越为各国政府所重视。

风险催生监管

现代金融监管，始于银行风险防范。说起来难以置信，在英文中，“银行”（bank）一词来源于“板凳”（bench）。很早以前，地中海地区城邦林立，各小国都发行货币，重量殊异，成色不一，给贸易造成极大不便。有些人瞅准商机，坐在长板凳上，专门为各路商人兑换货币。

生意多了结人缘，“坐长板凳的人”得到贸易商的信任，又为其代管金银，收取保管费。天长日久，这些人悟出了门道：客户的钱并非日清日结，存取有时间差，代管的钱财总有大量剩余。于是，他们便将其贷出去，赚取更多的利息。后来，他们干脆以自己的信誉作保，为客户开出票据，承诺随时可以提现。

就这样，坐长板凳的货币兑换商摇身一变，成了腰缠万贯的银行家，他们开出的票据成了可以流通的银行券。可是，五花八门的银行券充满了风险，若仅以单个银行的信誉、实力做后盾，一旦银行家破产，客户求兑无门，很容易引发银行业动荡。

面对一次又一次出现的银行动荡，政府只好挑选实力最雄厚的银行作为中央银行独家发行银行券，并由它承担最终的兑现义务。应该说，这种由中央银行控制货币发行和流通的制度设计，不仅在当时，而且直到今天仍然是金融监管的核心。

监管多措并举

从1844年英格兰银行独占货币发行权算起，在之后长达80多年的时间里，欧美各国奉经济自由为圭臬，金融监管主要锁定在货币发行上，而商业银行的经营业务几乎放任自流，即使它们从事高风险业务，也认为是人家的私事而袖手旁观。既然政府不管不问，商业银行便拿储户的存款，去搞证券投机。

结果，商业银行玩火自焚，引爆了20世纪30年代经济大危机。在这场旷日持久的大萧条中，大批银行倒闭，货币制度崩溃，国际信用瓦解。各国饱尝切肤之苦，痛定思痛，相继通过新法律，对银行开业、经营范围、贷款限额、存款保险和检查监督等作出种种严格规定。

金融业准入限制，是金融监管的头道防线。作为经济社会的骄子，金融机构可谓呼风唤雨、风光独占，很多人都进入金融业。然而，金融业集财富、信誉于一身，利益与风险"双高"，倘若让什么人都去玩一把，难免鱼目混珠、泥沙俱下。

而且，从业者过多还容易导致恶性竞争，增大全行业运行风险。为此，各国法律对金融机构开业都设定了门槛，如注册资本最低限额、高级管理人员数量、业务经营范围等，不具备条件者一律拒之门外。

实行分业管理，是防范金融风险的又一高墙。早期的商业银行如同超市，信贷、证券、保险都可经营。美国政府判定，正是由于混业经营，特别是商业银行负债炒股，才使金融业危机四伏。1933年，美国通过了《格拉斯-斯蒂格尔法》。该法案规定，商业银行只能经营短期信贷，禁止其涉足证券市场。

而且同时规定，中长期信贷、证券、保险、居民储蓄等金融业务，必须分门别类严格分开，由专门机构经营。从此，金融超市变成了"专卖店"，各人招呼各人的买卖，谁也不准蹚对方的浑水。

大危机期间，美国曾在一年之内倒闭过2000多家银行。其实，并非这些银行全都有问题，而是由于证券市场崩盘，储户纷纷挤兑，银行一时无力支付只得关门歇业。为避免信用危机再次发生，1934年，美国成立了联邦存款保险公司，建立了存款保险制度。

商业银行吸收存款，要到联邦存款保险公司上保险。如果发生银行破产事件，储户可按存款额的一定比例得到赔偿，赔偿额最高可达到10万美元。该制度以强制银行投保的方式给公众吃上定心丸，也大大降低了银行风险。

与存款保险制度相比，资本金管理对商业银行来说更为具体。商业银行的最大特点是“中介”机构，最大的本事是欠储户的账，赚贷款人的钱。为了避免商业银行办成皮包公司，各国都明确规定，银行必须有一定比率的自有资本金。

1988年，西方十二国央行行长会议通过《巴塞尔协议》，进一步明确规定，商业银行自有资本率应达到8%，其中核心资本应达到4%。否则，轻者被亮黄牌，降低信用等级；重者被亮红牌，取消营业资格。

此外，对金融机构的资产质量、内部控制能力等，监管当局也都制定了具体的考核指标。

魔高一尺，道高一丈

基于反危机建立的监管体制，一度维系了各国金融的稳定。可是到了20世纪70年代中期，金融界“松绑”的呼声此起彼伏，一浪高过一浪，传统的监管方式遇到了前所未有的压力。

这一时期，与美元挂钩的固定汇率制解体，西方国家陷入了“滞胀”。商业银行面对通胀压力，若不提高存款利率，只能眼睁睁看着储户被股市拉走；若不进行多角化经营，早晚会坐吃山空。此外，国际金融竞争压力增大，大量闲置资金舍低求高，若外汇管制过严，阻止资金流动，无异于作茧自缚。

为了回避金融监管，于是有些银行机构见缝就钻，创造出一些“四不像”的衍生工具，如可转让大额定期存单、期货期权交易等。监管部门成了聋子的耳朵，却也无能为力，而且在20世纪70年代和80年代，西方掀起了两次放松金融管制浪潮。

美国1980年后允许商业银行与储蓄信贷机构某些业务适当交叉，1999年通过《金融服务现代化法案》，从分业重新走上混业经营。美、德、意、英等国相继取消存款利率限制，多数发达国家放宽或取消了外汇管制。

发达国家的金融自由化，使其经济出现了转机。而亚洲新兴工业国的盲目模仿，却引发一场新的金融灾难。很多学者认为，在亚洲金融危机中，对银行监管缺位是致命伤。

事实上，在金融国际化浪潮中，银行监管已非某一个国家力所能及。“千里之堤，溃于蚁穴。”跨国银行的业务风险，往往会牵动全球经济的神经；国际游资就像嗜血的幽灵，总会在全球监管最薄弱的链条下手，进而引发全球金融震荡。

正因如此，跨入21世纪后，世界各国对银行监管合作给予了前所未有的关注。2001年1月，巴塞尔委员会征求多方意见后，公布了新的资本协议。

“魔高一尺，道高一丈。”如果把银行比作大江大河，那么金融监管则如同防洪堤坝。我们有理由相信，人们创造了银行，也一定有足够的智慧管控好银行，让其为人类少带来一些灾难，创造出更多的福祉。

思考题

如何看待20世纪70年代和80年代西方掀起的两次放松金融管制浪潮？你对完善我国商业银行监管有何建议？

金融工具各显其能

银行信用的前世今生

金融互换业务

债券融资后来居上

投资基金聚沙成塔

期货业务对冲风险

表外业务异军突起

第七章
金融工具各显其能

金融服务经济发展，需对融资方式或融资工具不断进行创新。事实上，自人类产生借贷行为以来，市场化的金融创新也确实没有停止过，本章将对几种重要的融资方式与工具作介绍。

第1节　银行信用的前世今生

“信用”一词源于拉丁文，原意指信任、声誉。引入经济领域，反映的是经济交往中的借贷关系。上古时代，人们聚穴而居，财物归公，有饭同吃，不分你我，当然也就无所谓借贷。而自财产私有制产生后，贫富逐渐分化，碰上饥年谨月，穷人求借，富人放贷，信用渐渐成了一种司空见惯的现象。

商业票据先天不足

最初的信用形式，是实物借贷。春借稻谷两斗，秋还两斗半，这类借贷在民间曾长期盛行。当货币出现后，人们则开始借债还钱，因此在自然经济时代，实物借贷和货币借贷是相互渗透的。精明的贷方往往会定下这样的规矩：还贷时若粮价上涨，借方可以还粮；若粮价下跌，借方则需还钱。由于将放贷与物价挂钩，不管通胀还是通缩，贷方皆能稳赚不赔。

随着工商业勃兴、分工专业化，贸易空间不断扩大，进一步密切了货币与借贷的联系。由于各种商品的生产时间不同，有的长些，有的短些，有的还带有季节性；而在流通上，有的商品可以就地销售，有的则需要千里迢迢运往远方。生产时间的差别，使一些商品生产者在自己的商品尚未完成时，亟待借钱购进原料；异地经商的买卖人，则要预借本钱，待赚得利润归还贷款。

俗话说，空口无凭，立字为据。频繁广泛的借贷关系，促进了信用凭证制度的规范。在中世纪末期的欧洲，出现了比较成熟的商业票据。当时，许多大宗交易都用票据进行偿付和结算。票据到期之前，持票人只要在票据的背面签字画押（背书），就可代替现金支付给第三者；第三者需要时，又可背书转付给第四人。

商业票据的出现，突破了金银货币的束缚，大大拓展了商品交换的市场半径。可商业票据也有先天不足，具体表现在三个方面。

其一，商业借贷是单向的，上游企业可以向下游企业提供信用。比如轧棉厂可以借给纺纱厂棉花，纺纱厂也可以赊给织布厂棉纱，但下游企业无法给上游企业提供信用。

其二，商业信用仅限于生产企业之间，且上游企业借贷规模要受下游企业生产规模限制。比如一个大织布厂，若找不到规模匹配的纺纱厂出借棉纱，就只能与几家纺纱厂挨个谈判，其协商成本会非常高。

其三，商业票据几经（背书）易手，只要一个环节出了问题，就得逐层追溯连带责任，这样会搞得商家焦头烂额。此外，如果持票人急需用钱，想提前兑现未到期票据，须先找到票据买家，否则便无法兑现。

货币借贷替代实物借贷

到16世纪末，银行业在欧洲兴起后，这些令人头疼的问题便迎刃而解。商人为周转资金，可持未到期的票据向银行兑现，银行扣除到期以前的利息（简称贴水）；待票据到期时，银行再持票向最初发票人或背书人兑取现金。

随着此类业务不断增多，一些大银行以自有资金和信誉作担保，开始向储户与借款人发行银行券。银行券相当于银行给储户打的借条，具有和金银货币一样的效力；而且与商业票据相比，银行券没有固定支付期，票面金额有大有小，既宜于大额支付，又可作零星交易。

由于银行券多头发行、良莠不齐，容易引发信用风险，于是政府出面予以干预，只允许少数大银行发行银行券。如此一来，原来的金属货币演变成了纸币，实物借贷让位于货币借贷；信用和货币这对红男绿女日久生情，相互以身相许，那些花花绿绿的纸钞（银行券），便成了它们之间海誓山盟的信物。

融资方式相辅相成

正是货币和信用联姻，最终孕育出了它们的混血儿——金融。顾名思义，金融就是货币资金的融通。资金融通有两种方式：直接金融和间接金融。两者之间的区别，在于有没有金融机构的介入。

直接金融指企业发行债券、股票，面向公众直接融资。企业通过债券融资，省去了银行等金融中介，给债权人的利息承诺，通常也比银行利息高；公众购买了股票，就成了企业的股东，拥有相应的所有者权力。

不过直接金融有一个弱点，相对于间接融资，投资风险要更大一些：购买债券的债权人需风险自负；购买股票的投资者可以参与分红，却不退本，企业一旦破产，其投资便血本无归。

间接融资有银行等金融机构介入，银行可吸收大量闲散资金，为企业节省融资成本；储户把钱存到金融机构，比投资债券、股票相对安全，不过银行的存款利息相对低。银行和储户之间信息是不对称的，前者如何放贷款，不会征求储户的意见；若银行出现大量呆坏账，储户也难免要蒙受损失。

可见，两种融资方式各有利弊，这也是它们能够长期并存的原因所在。

金融自诞生之日起，收益就与风险同在，只要哪里有利可图，金融的触角就会伸向哪里。第二次世界大战以来，经济全球化提速，国际贸易与资本流动规模蔚为壮观，这就需要不同国家货币按照一定的比例兑换。而在外汇市场上，汇率高低不仅反映一国的经济实力，还会影响国际资本的流向。

15世纪和16世纪，重商主义者曾把金银看作唯一的财富，主张对金银奖入限出。然而时过境迁，特别是20世纪下半叶以来，金融自由化成了时尚，金融封锁逐渐为金融合作所取代，而且各国联手规避金融风险、实现金融创新，已成为全球经济的新潮流。

思考题

简述银行信用的发展历程，分析间接融资与直接融资各自的特点与存在的利弊。

第2节 金融互换业务

16世纪，意大利的一位银行家需要西班牙币，而西班牙国王急需黄金。在安特卫普城（当时金融中心之一），他们一拍即合，各得所需。在人类历史上，这也许是最原始的金融互换业务。而作为一种衍生工具，它真正成为金融业的一大创新是在半个多世纪之后。

基于"比较优势"

金融互换业务，是基于李嘉图"比较优势"理论而开创的融资方式。李嘉图说，只要两个国家分工合作，各自生产自己具有相对优势的商品，然后通过贸易互通有无，便能实现"双赢"。同理，国际上的金融机构，皆有自己的强项与短板。一般地讲，在国际金融市场，信用等级越高的机构，人们对它的信赖度越高，筹资成本会越低。

比如，英格兰银行与中国银行皆具备筹集美元与人民币的能力。但相对来说，英格兰银行在美国发行美元债务的成本要低于在中国筹集人民币，其比较优势是筹集美元；而中国银行在国内筹集人民币的成本，要明显低于在美国发行美元债务，其比较优势是筹集人民币。

假设现在中国银行需要美元，英格兰银行需要人民币，这样便可由英格兰银行筹集美元，中国银行筹集人民币，然后进行互换，则双方皆可节省融资成本。

以上原理看似简单，却是金融互换业务的生存基础。然而，就像植物生长需要阳光和土壤一样，互换业的发展也要有适宜的环境。布雷顿森林体系解体后，多数国家汇率自由浮动。之前各国货币与美元挂钩，货币间比价易于推算，交易风险低。改为浮动汇率后，市场决定汇率，而市场变幻莫测，汇率也就随之波动。

汇率代表一种货币的国际价格，利率则是货币的国内价格，国际价格变了，国内价格当然要调整。由于人们对利率、汇率的走向捉摸不透，给资产负债管理带来了难题。为了减少风险，于是金融互换业务应运而生，且日趋多样化，如今已演化出货币互换、利率互换、股票互换、债务互换、期货互换、期权互换等多种形式。

最早的经典案例

货币互换最早的经典案例，是IBM公司和世界银行的交易。当时IBM公司的资产多为美元，它想把手头的德国马克和瑞士法郎债券转换为美元债券，使其资产和负债相对应，以规避汇率风险。而德国马克和瑞士法郎，利率比美元低得多，世界银行想用它降低债务利息。

碰巧的是，两者的市场优势不同：世界银行发行欧洲美元债券，成本较低；而IBM公司筹集德国马克和瑞士法郎债券具有优势。所罗门兄弟公司顺水推舟，利用这一时机促成了一笔大买卖。

世界银行将它的美元债券与IBM公司的马克、瑞士法郎互换。结果，双方筹资成本皆大大降低：IBM公司债券利率从10%降到8.15%，世界银行债务利率从16%降到10.13%。互换成交后，在债务到期前互为对方偿付本息，由此双方都成了赢家。

与货币互换相比，利率互换只换利率，不换货币，手续更简便。金融界有个不成文的规定，为降低风险，要求资产和负债的利率保持一致。可现实情况通常是：需要浮动利率债券的，手头却只有固定利率债券；有大把浮动利率债券的，却需要固定利率债券。这样市场便对“利率互换”业务产生了需求。

固定利率债券和浮动利率债券之间，或以不同标准的浮动利率债券之间（通用的浮动利率标准，有伦敦银行间拆借利率、美国商业票据公债利率等）相互交换，就是利率互换。

比如甲、乙两家公司都要贷款进行投资，甲公司相对比较大，知名度高。乙公司相对比较小，知名度低。两家公司在信贷市场上能获得的利率如下：

公司 利率	甲公司	乙公司
固定利率	10%	11%
浮动利率	LIBOR+0.3%	LIBOR+1%

从上表可见，甲无论是固定利率还是浮动利率都比乙低，甲似乎没必要和乙进行互换。其实不然，乙虽然两个利率都比甲高，但在浮动利率市场上与甲的差距为0.7%，小于在固定利率市场上与甲的差距的1%。故甲可在固定利率市场上贷款，乙可在浮动利率市场上贷款，然后进行互换。

互换业务大同小异

如果说，货币互换和利率互换是老大哥，那么股票互换、债券互换、期货互换、期权互换等则是小弟弟。在约定的时间内，将股票和其他金融资产交换，本息相应易主，即为股票互换。而债券互换与股票互换类似，基本原理并没有本质区别。

20世纪70年代，某些发展中国家由于举债数额过大、偿付能力有限而陷入了债务危机。为避免债务危机引起连锁震荡，金融市场出现了债权互换业务。

举个例子。20世纪80年代，大众公司曾用1700万美元收购墨西哥2.81亿美元的债券，并将这些债券换成了等值的股票。如此互换，当事人都得到了实惠：债权人将名存实亡的债权换成了现金，大众公司用1700万美元换得了2.81亿美元的股票，而债务人（墨西哥）卸下了不堪重负的债务包袱。

期货互换，是期货合约之间的交换。而期权互换，指买入期权者要求售出期权方，在有效期内，按约定的利率和汇率，进行互换业务。而买入方得支付权利金，若到期时，觉得无利可图，亦可弃权；但卖出方因得了权利金，也不再追索。

混合互换业务

上述所说互换业务，其实有一个共同的前提，即交易双方相互需要对方的资产。但时常有这种情况：你需要别人的东西，别人却对你的东西没兴趣。如日本一公司需要英镑，英国某机构想要美元，美国某机构需要日元。这样，就给中介机构创造了商机。

中介机构眼观六路，耳听八方，搜寻互换信息。即便是双方需求数额不等，中介机构也会分解数额，并从中斡旋协调，让交易者各得其所。这种由中介机构搭桥铺路、多方参与的互换业务，则为“混合互换”，在金融业内又称“鸡尾酒互换”。

时至今日，一些大金融机构如商业银行、保险公司、养老基金管理部门等主动出击，寻求交易伙伴，既做互换的中介，又做交易方。而且英国银行家协会（BBA）、国际互换交易商协会（ISDA）已制定标准化互换合约，简化了互换程序，提高了交易效率。交易双方只要通过电传，说明时间、利率、本金、账户结算等就可成交。

规避利率或汇率风险、改变债务结构、高效率管理资产，是金融互换业务的基本职能。一般而言，每笔互换业务额都很大，参与者资金雄厚，信用度高。同时，互换业务并不需要改变原来的合同关系。所以，在金融衍生工具中，互换业务的风险也相对较低。

思考题

为何说金融互换业务是基于李嘉图“比较优势”

理论所创立的融资方式？金融互换业务的基本职能是什么？请你举例说明。

第3节　债券融资后来居上

17世纪中叶的欧洲，股票已炒得热火朝天，但债券还是初出茅庐。200多年后，投资者对债券这个后起之秀似乎宠爱有加：在全球证券市场，股票和债券已是平分秋色；而在发达国家，债券的发行量往往是股票的3—10倍。

政府债券类似“准货币”

人们有余钱时，或存入银行，或购买股票，也可购买债券。在许多国家，存款受法律保护。将钱存进银行风险相对小，且能随时变现，但银行利率低，储户收益也低；若购买债券，风险会大些，但利息比存款利息高；若购买股票，股息要大于债券利息，但股票不能退本，因而风险也大。

股票和债券，虽同为证券市场的主力，但两者存在重大区别。打个比方，老王有一笔钱，小张想借去投资；而老李邀他入股企业。老王琢磨：若借钱给小张，只需立个字据，到期收回本息，无须多操心。但若和老李合股就得共担风险，所以得看紧盯牢。不然，要是老李经营不善，自己会血本无归。

在证券市场，高收益和高风险的确如影随形。若以收益为横坐标，风险为纵坐标，为各种证券定位，存款离原点较近，股票离原点较远，债券则介于二者之间。其实，债券的品种很多，有政府债券、金融债券、企业债券和国际债券，它们风险的大小，依次递增。

当然这只是总体判断，若具体到某一只债券，情况会更复杂一些。由于发行的债券良莠不齐，于是就有了专业债券评级机构为债券发行单位判定信用等级。从全球范围看，当今的债券评级机构，应该数标准·普尔公司和穆迪公司最权威。迄今为止，还没有因它们失误而给投资人造成重大损失的先例。

政府家大业大，信誉好，所发行的债券风险自然也低。政府债券有三类：金边债券、地方政府债券、政府机构债券，其中最可靠的当属金边债券（就是国库券）。17世纪，英国政府发行的国债，镶有金黄边，后来世人也就用金边债券来指代国债。

国债有国家做后盾，收益稳定，相当于“准货币”，稳健型投资者对此尤为青睐。政府发行金边债券，目的不外乎几种：弥补财政赤字、为重大建设项目筹集资金、进行宏观调控。

再有，地方政府为了架桥铺路、供水供电、城建环保等，资金不够时也会发行债券。由于它们发行的债券也有政府担保，安全性较强，则被称为“政府机构债券”。

金融债券与企业债券

在欧美国家，金融债券多指银行发行的债券（我国的金融债券还包括非银行金融机构发行的债券）。银行为何要发行债券？我们知道，吸收存款是银行的传统业务。一旦碰上通货膨胀，人们害怕货币贬值很可能会去“挤兑”银行。而发行金融债券，便能避免这种尴尬。

金融债券的突出优点，是它在到期之前只在市场上流通，对银行日常业务不会产生任何影响；同时，债券的期限长短，也是由银行自己酌情设定的。由此见，银行发行金融债券较之于吸收存款，自主权更大，而且对可能出现的风险也早有准备，可以从容应对。

企业发行债券，也是为了降低银行融资风险。众所周知，银行不良资产过多是东南亚金融危机的导火索之一。事后总结教训，企业融资若能增加债券比重，将大大降低金融风险。公司向银行贷款，风险全由银行承担。比如泰国，几乎所有企业贷款都出自四大银行，而这四大银行便成了最后的风险承担者。

设想一下，假若企业向社会公开发行债券，风险由众多投资者分担。当企业收益下降，债券价格也随之下跌，投资者自会决定去留。债券价格，就像个预报员，随时播报企业业绩，并对其形成约束和监管，及时释放着企业经营风险。而银行的坏账，往往要经过一段时间后才能确认，容易积淀隐患。

所以，从防范风险角度考虑，政府应鼓励企业发行债券。首先，由于银行也是自负盈亏的企业，既然发放贷款风险大，它自然要抬高门槛，增加企业贷款的成本。其次，股票融资成本虽比银行贷款低，但发行新股会摊薄企业利润，引起新老股东纷争，故发股票也并非企业融资的首选。

企业债券中，垃圾债券曾风靡一时。垃圾债券收益很高，但风险极大，投资人一般避之不及；可它的高收益（有时高达50%）也让投机商趋之若鹜。20世纪80年代和90年代，很多国家产业结构调整需要巨额资金，同时，全球金融管制放松，让垃圾债券狠狠火了一把。

1988年，亨利·克莱斯花了250亿美元，收购了雷诺烟草公司，只动用了1500万美元，其余的资金，全靠发行垃圾债券筹集。不过，垃圾债券的高风险与高投机性，决定了它只是昙花一现。1989年2月，被称为“垃圾债券之王”的德崇公司，因负债累累而倒闭。此后垃圾债券因声誉不佳而偃旗息鼓。

外国债券与欧洲债券

以上三种债券，针对的是国内居民；而国际债券，则瞄准外国人的钱袋子。外国债券与欧洲债券，同为国际债券的两个分支。两者的区别，就看债券面值上的币种是否属于发行所在国。若是，称为外国债券，否则就是欧洲债券。

美国以外的国家，为了筹集美元在美国发行美元债券，通常称之为“扬基债券”。与此相似的还有“武士债券”（为筹集日元）、“叭喇狗债券”（为筹集英镑）等，这些都是外国债券。

冷战初期，苏联有大笔美元存在美国银行，他们害怕被冻结，于是将美元存款转到了欧洲；同时，由于美国政府严格限制美国居民购买扬基债券，迫使美元债券的发行市场也转到了欧洲。“欧洲美元”一词由此产生，并以此为先河，欧洲债券业蓬勃发展。

债券的收益除利息外，还有内在价值的变动。利息是事先确定的，一目了然；而其内在价值的变动，则受经济环境、经营状况的影响，不易估算。人们买政府债券，看中它的稳定性；购企业债券，更在意它的成长性。萝卜青菜，各有所爱。故无论是金边债券还是企业债券，只要有卖点，都会被争相竞购。

思考题

银行为何要发行债券？政府为何鼓励企业发行债券？外国债券与欧洲债券的区别在哪里？

第4节　投资基金聚沙成塔

在证券市场里，都有庄家和散户。庄家财大气粗，调拨资金轻而易举；而散户势单力薄，如同一盘散沙，稍有不慎就会落入陷阱。于是就出现了“投资基金”这个载体（公司），它将散户的资金集合在一起，聚沙成塔，由专家进行组合投资。

契约型基金

人们组建投资基金公司，最直接的原因是投资基金可取得规模效应，成本低，风险小。如个人购股票、买期货，需按“零售价”支付佣金，而投资公司则可按“批发价”付账。故投资基金虽不是大富大贵的主，但其中也不乏黑马——美国富达公司旗下一只基金，10年资产翻了18倍。

早期的投资基金，只是个人理财工具。19世纪中叶，英国人对海外高额利润垂涎欲滴。但苦于路途遥远、语言不通，投资他国多有不便。于是，他们把资金汇集起来，委托给金融机构代劳。后来，英国政府设立法规，对此加以规范。这样，就形成了今天的契约型基金。

契约型基金主要有三个当事人：投资人（受益人）、基金管理公司（委托人）、基金保管公司（受托人）。他们按信托条令签订契约，明确各自职责：投资人购买受益凭证，并取得相应收益；管理公司发行凭证、筹集资金、运作基金，但不与钱打交道；保管公司如同出纳，管钱却不能用钱，但有监督权。

受益凭证的发行，分为现金充当型和证券充当型。先收后投，为现金充当型。这种方式，管理公司虽不需垫付资金，但凭证发行时间长，往往会坐失良机，一旦发行受挫，还可能中途夭折。

证券充当型，指的是管理公司先垫钱买受益凭证，待投资者看好基金，再卖出凭证。采用这种模式，管理公司可以主动应变，捕捉商机。但凭证出售得提前作价，其高低尺度难以把握。若作价过低，管理公司吃亏；作价太高，消费者又不愿购买。可见，两种发行方式各有利弊。

公司型基金

在不同国家，基金形式也有不同。如美国采用的主要是

“公司型”。与契约型基金相比，公司型基金多了个发起人，也就是基金公司。基金公司依公司法设立，既能以法人身份向银行举债，也可以发行股票，而且作为股东对公司经营有发言权。基金公司若委托投资顾问管理，两者之间依然是契约关系。

其实，契约型或公司型，只有形式之别，没有优劣之分。故至今两者并行不悖：英国及大部分的亚洲国家，多采用契约型基金；而美国和其他一些欧洲国家，投资基金多为公司型。

按基金的投资特性，还可分为封闭式和开放式两种。封闭式基金，有固定的存续期（一般至少5年），到期后才还本付息。在这期间，即使业绩波动很大，投资者只可求助二级市场，否则不可退出。也就是说，在存续期内，投资人不得中途撤资。

开放式基金却没有存续期，大门敞开，进出自由。若市场前景看好，投资者可追加投入；若无利可图，可随时可以脱身，并且投资人撤资，无须经过二级市场，只需与基金管理人直接交涉。

如此一来，对投资人非常有利，但给管理人带来了巨大压力：由于基金量大起大落，管理人总要留些资金应付挤兑，这样可用资本减少，必加大运作成本；由于没有存续期，投资者趋利避害，可能会随时抽身走人，故基金命长命短全看管理人水平。一旦决策失误，收益下降，投资者望风而逃，管理人就会成为光杆司令。没了资金，基金最终只能关门。

私募基金与公募基金

私募基金是以非公开方式向特定投资者募集，并以特定目标为投资对象的证券投资基金。简单说，就是不能公开募集、不得承诺收益、更不得宣传低风险，只能通过熟人或中介在私底下筹集，并且对参与私募的投资者有较高的“门槛”条件。

以美国为例，机构投资者要求净资产在100万美元以上；以个人身份加入，需有证券资产500万美元、年收入20万美元以上（或家庭收入30万美元以上）；参与基金人数不得超过500名。目前在我们国内，购买起点是100万元以上、净资产不低于300万元、过去三年年收入40万元人民币以上等。

公募基金是面向社会公众公开募集的投资基金。它以其独特的魅力吸引闲散资金，让存款转化为投资，为经济增长添光加彩。公募基金管理人也多做理性投资，对减少市场的盲目性，发挥着举足轻重的作用。在通常情况下，公募基金比重越大，证券市场就越成熟。因此人们投资大多选择公募基金，各国政府也都把公募基金作为重点，大加扶持。

思考题

契约型基金与公司型基金有何异同？私募基金与公募基金各自有何特点？

第5节 期货业务对冲风险

人类早期的商品买卖，都是现货交易。双方经过讨价还价，一旦成交便钱货两讫。可市场变化无常，容易出现“合成谬误”。比如年初粮食价格偏高，农民见有利可图，便纷纷扩大种植；可到了收获时节，粮食供过于求导致价格大跌，结果农民增产不增收。

现货与期货一买一卖

为了规避“合成谬误”给农民造成的风险损失，于是市场产生了一种新的交易方案——“春卖夏粮”。意思是说，当农民春天播种时，就可将粮食按与买方约定的价格提前卖出。这样，无论日后交割时价格发生怎样的变化，农民皆不会遭受意外损失。这种可提前交易的市场，即为期货市场。

在期货市场，交易所按照价格优先、时间优先的原则，撮合买卖双方成交。其成交价，就是期货价。事实上，期货交易者大多是为买而卖或为卖而买，交易合同到期时，真正用实物交割的不足交易额的5%。这是说，期货市场上所交易的，是期货合同。

为便于期货合同的流通，节省交易成本，经过多年实践探索与完善，目前期货合同已非常规范。合同对交易单位、货品等级、最小变动价位、日常交易时间、最后交割期限等，都有了统一规定。

追溯历史，期货市场最初确实是以农产品期货为主，而大多交易者是为了套期保值。何为套期保值？通俗地讲，就是在现货和期货两个市场中，一买一卖，相悖而行。如同两个口袋，一边赢利，另一边亏损；但两相对抵后，损失减少，从而实现保值。

这个原理看似简单，但操作起来并不容易。经常出入期货市场的人应该都知道，买卖期货实际上与现货直接相关。何时该买，何时该卖，人们看的并不是期货价格的高低，而是另一个尺度——“基差”，即现货价格和期货价格之间的差额。

若某商品供求平衡，期货价格的走向会和现货价格基本一致。二者的差价，主要体现在运费和储存费上。如3月美国蒙大拿州小麦现价为2.4美元，而芝加哥市5月小麦的期货价格为2.6美元，这中间0.2美元的差价，包括运费和储存费。若两次期货交易的方向相反，数额相同，基差一样，除去手续费，则刚好盈亏持平。

套期保值方式

在期货市场套期保值，主要有两种方式：一种是“为买价保值”。比如某企业预计几个月后，将有一笔进货，担心日后价格上涨，他可以先买后卖；另一种是“为卖价保值”。如某企业一两个季节后，将生产出一批产品，害怕价格下跌，他可以先卖后买。

让我用具体的例子解释。6月，李先生想办个炼油厂，3个月后投入生产，要买大豆做原料。当时，现货市场上，大豆卖每蒲式耳5美元，12月的期货价格是5.1美元。李先生担心大豆价格上涨，便买进了1000蒲式耳的12月期货，基差为10美分。这样不管行情如何变化，只要第二次交易的基差高于10美分，就能稳赚不亏。

果不其然，由于自然灾害造成大豆减产。到了9月，12月期货价涨为9.11美元，于是他卖出期货，同时又以现货价9美元（基差11美分）买进大豆。在现货市场他虽每蒲式耳亏了4（9−5）美元，可在期货市场，每蒲式耳赚了4.01（9.11−5.1）美元。如此一来，他不但以预期价格买到了大豆，而且还赚了10美元，要是没有期货交易，他会损失4000美元。

当然，期货市场上也有不少投机商，试图利用买卖差价获取利润。“投机商”一词，听起来有些贬义，但期货市场还真缺不了这些人。他们快进快出，借风险套利，增加了市场流动性。如果市场流动性差，买方找不着卖方，或卖方寻不到买方，有行无市，那么套期保值者也无法利用期货交易规避风险。

投机商以获取差价为职业，嗅觉敏锐，一旦发现价格偏离均衡点，就会果断买进或卖出。从主观上看，投机商是为赚取利差；但客观上，他们改变了供求关系，使价格趋于合理。此外，投机商的加入，扩大了市场容量，让垄断价格的难度加大，市场更为稳定。有数据说，当今成熟的期货市场，大约一半以上的交易者都是投机商。

但投机商有利也有弊。若没有严格的监管，难免会有人浑水摸鱼。1979年，美国有位投机商利用期货交易控制了白银7500万盎司——美国年均消费量的一半，他乘机抬高价格、牟取暴利。而那些已卖出白银期货的商家，眼看交割期将至，为完成交割，不得不高价买进白银。

四道紧箍咒

“一朝被蛇咬，十年怕井绳。”之后很长一段时间，人们对白银期货谈虎色变，纽约商品交易所的白银期市也无人问津。基于此，政府对期市布下了“当日无负债、最高持有额、公开叫价、涨停跌停”四道紧箍咒。

在上面四道紧箍咒中，“当日无负债”最为关键，即交易者开仓时，需按交易额比例（一般为3%—8%）交纳保证金。交易所每天皆根据交易情况，清算个人应持有的准备金，多退少补，逾期未补足者，将其扫地出门。

自从有了此规定，很多人保证金账户里，常常是绰绰有余。其他三道紧箍咒，其实也是为了保护交易商。轰动一时的“住友铜事件”，乃因住友商社的有色金属交易部部长钻了监管不严的空子，违规操作。结果“机关算尽太聪明，反误了卿卿性命”，商社为此损失18亿美元，他自己也身败名裂。

期货种类很多，从大处看，有商品期货和金融期货。金融期货还可分为利率期货、货币期货、股票指数期货等。对套期保值者来说，无论买卖哪种期货，都是为寻得一个避风港，避免市价变化的风险。这里要特别指出的是，除了规避风险，价格发现也是期货市场的一个重要功能。

为何这么说？原因其实很简单：期货交易商大多是行家，他们熟悉市场，能较准确地把握价格走势。正因如此，现货交易者对期货市场的价格往往信赖有加。迄今为止，全球现货市场上80%的农副产品、70%的矿产品和有色金属，其交易价格所参照的正是知名交易所的期货价格。

思考题

举例解释期货市场的套期保值方式。你如何看待在期货市场赚取差价的投机商?

第6节 表外业务异军突起

21世纪初，受亚洲金融危机拖累，全球经济不景气，为扭转经济颓势，美联储接连11次降息，中国人民银行也连续调低利率。不过此次降息与以往不同：贷款利率比存款利率下调幅度更大，为缓解由此造成的压力，商业银行便着手拓展表外业务。

商业银行剑走偏锋

在此之前，我们国内商业银行主要是经营“负债”与“资产”两项业务：银行通过自筹、吸储、外借等负债业务，取得经营资本；然后再通过贴现、贷款、投资等资产业务，赚取利润。这两项业务，一直是商业银行的命脉，在商业银行资产负债表上，两者基本上也是平分秋色。

什么是表外业务？通俗地讲，就是不列入“资产负债表”的业务。比如银行帮助客户结算货款、办理汇兑、保管资财等，这些业务不必动用银行资产，也不直接形成债权债务，银行作为中间人只是将客户资金过过手，从中收取少量手续费。

在人们的印象中，表外业务似乎都是些针头线脑、零七八碎的小事情。的确，如果我们把银行比作大饭店，负债业务就是筹资盖楼，资产业务好比供应食宿，而表外业务则相当于为顾客代管行李、预订车船票，这显然不能与主要业务相比。

从全球范围看，表外业务其实可追溯到20世纪70年代。当时爆发了两次石油危机，世界经济结构发生了巨变。高新技术产业异军突起，大量企业靠股票上市直接融资。大量资金被股市吸走，商业银行吸储能力下降；同时，由于企业融资绕开了银行，银行资产业务也步履维艰。

面对直接融资的挤压，银行不得不减少存贷款利差，可如此一来，银行盈利空间越来越小。也是机缘巧合，此时发达国家纷纷放松了金融管制，取消了“银行不得从事证券投资”等方面的限制。时来运转，商业银行于是剑走偏锋，做起了表外业务。

表外业务成为百宝箱

在商业银行传统的表外业务中，占比相对大的是结算、汇兑、承兑、信用证、信用卡、代收代付、信托、租赁等。结算业务，是银行为客户支票往来提供结算、清算服务。若客户将现款交给银行，由其支付给异地受款人，则为汇兑。而所谓承兑，是银行为客户开出汇票或票据，并承诺到期由银行付款。

信用证业务，主要是用于异地采购和国际贸易，此业务可在一定程度上帮助买卖双方降低风险损失。其操作程序是，购货方先将购货款交给银行，并由银行向销货方开出信用证，销货方按照信用证规定的条件发货后，可凭信用证要求银行付款。

信用卡与代收代付比较简单。银行向资信良好的单位、个人签发信用卡，持卡人可凭卡购物、消费、汇兑、取现。代收代付则是银行以客户名义收取、支付款项，如代收电话费、交通罚款，代付工资等。

银行受客户之托，为其代管、经营、处理相关经济事务，称为信托；而租赁是银行下属租赁公司购买设备、厂房，租借给企业，定期收取租金的业务。

在20世纪70年代前，人们所说的表外业务，一般就是指上面这些项目。

然而，“士别三日，当刮目相看”。随着互联网时代的到来，商业银行大大拓展了表外业务空间。表外业务由昔日的针线筐，变成了百宝箱。过去那种人算手计的传统结算、汇兑，已为互联网转结所取代。信托把众多客户的小额信托基金聚集起来，形成大额信托资金。这样，既可利用资金规模优势降低成本，让客户享受专家服务，又可通过多元投资分散风险，取得更稳定的收益。

与此同时，现在的商业银行不仅为企业提供设备租赁，还为其提供代办登记、上税、保险、设备维修、事故处理等服务。对于金额大、租期长的大型设备，银行还接受租赁公司用所购买的设备作抵押获得贷款。这样看，租赁其实比在股市融资更便捷一些。

咨询、担保独具优势

值得关注的是，咨询和担保业务如今也已成为商业银行新打造的拳头项目。商业银行长期从事存贷款业务，练就了一双火眼金睛，不仅对客户家底了如指掌，对国内外金融市场也洞若观火。在资信调查、商情咨询、投资咨询、财务咨询等多方面，银行具有天然优势。

举个例子。某企业想从同行中拆借资金，对方往往会先委托银行做资信调查。银行网点多，不仅了解信息成本小，而且可信度也高。此外，对基本建设投资进行风险分析也是银行的拿手戏，因为它最清楚企业实力。也正因如此，银行才敢为有实力的企业提供担保服务。

时至今日，银行表外业务可说是荤素通吃。诸如代理证券发行、代理保险等领地，商业银行也开始进军抢占。进入21世纪以来，国际环境不确定性因素增多，汇率波动频繁，为帮助企业规避汇率风险，商业银行大展身手，把期货、期权、互换、远期利率协议等金融工具，统统装进了表外业务这个百宝箱。

思考题

银行表外业务是怎样发展起来的？为何表外业务今天会成为商业银行的百宝箱？

资本市场整合天下财富

货币市场与资本市场

资产证券化出奇制胜

证券生命周期

股指映出经济冷暖

警惕外债陷阱

防范证券风险

第八章
资本市场整合天下财富

20世纪80年代，日本人进军美国市场，腰缠万贯，志得意满。岂料美国另辟蹊径，高新技术产业异军突起，依然稳执世界经济牛耳。科技创新与产业升级，离不开资金支持，而资本市场恰似一只无形之手，整合天下财富，成就了美国的经济霸主地位。

第1节　货币市场与资本市场

“天下熙熙，皆为利来；天下攘攘，皆为利往。”资金融通与生俱来的赢利性，引得无数淘金者你方唱罢我登场。有的借短期投机发财，有的以长期投资致富。人们借助信用这把金钥匙，打开了货币市场和资本市场的两扇大门。

货币市场的特点

读者如果按照字面意思理解，以为货币市场是成捆钞票进进出出的场所，那就错了。货币市场的最大特点，是融资期限相对短，通常在一年以内，而且交易工具的流动性也相对强。

货币市场可大致分为四类：同业拆借市场、票据贴现市场、可转让大额定期存单市场和短期债券市场。

从某种意义上说，同业拆借市场是被“存款准备金制度”逼出来的。许多国家规定，商业银行必须从存款中拿出一部分，交给中央银行作为存款准备金，如果上缴金额不足，就会受到中央银行的惩罚。商业银行不想自找麻烦，就得严格执行。

商业银行的业务量每天不同，有时存多贷少，有时存少贷多，在央行的存款准备金有余有缺，当存款准备金上缴不足时，会向业内同仁伸手求助。准备金富余的银行拆出一部分资金借出去，既解了对方的燃眉之急，又赚了拆借利息，可谓两全其美，和气生财。

商家做生意手头拮据时，会以信誉担保开出票据，保证在约定时间内兑付现金，此为商业承兑汇票。如果欠款的一方不是直接承兑，而是委托自己的开户银行兑付，则被称为银行承兑汇票。但票据毕竟不能当钱用，票据持有者一旦遇到资金短缺，便会把手里的票据再转让出去，于是形成了票据市场。

票据交易当然得有利可图，接受方要在原价上打个折扣，称为贴现。商业银行把未到期票据转让给同行，叫作转贴现。接受方银行如果票据过多，影响放贷获利，把票据转让给中央银行，称为再贴现。正是靠贴现、转贴现、再贴现的利差，票据市场才会商家云集，热闹非凡。

与有几百年历史的票据相比，可转让大额定期存单是货币市场的新成员。20世纪60年代，美国银行界按照Q条例规定，商业银行对活期存款不许付利息，对定期存款也有最高利率限制。商业银行为了拉回客户，推出了这种新工具。与定期存单不同的是，它存期较短（3—12个月），面额固定且较大（一般为10万—100万美元），主要面向公众投资者发行，可以转让流通，在未到期转让时利息不变。

可转让大额定期存单一经面世，便受到了机构投资者欢迎，很快炙手可热。商业银行也通过它拓展了业务空间，定期存款的比重明显上升。

政府由于事务繁多，开支庞大，有时难免出现短期赤字。在西方国家，期限一年以下的国库券，由于风险小、流通性强，是短期证券市场最重要的融资工具。

普通老百姓购买国库券，可以高枕无忧；商业银行购买国库券，既能充实自有资本金，又可获得稳定的收益，而且还可以随时拿到二级市场变现；机构投资者看中国库券背后有政府这棵大树，踊跃竞标参与发行，并经常光顾二级市场，大进大出获利不菲。

市场利率千变万化，而国库券利率是固定的，按面值溢价、平价、折价进行交易。若买卖时机把握不好，投资者便会因利率涨跌而徒劳无功。于是聪明的投资者在卖出国库券时，往往进行一个反向操作，即与买方商定，隔段时间按约定价格再买回来，以回避利率风险。如此一来，就形成了一个回购市场。

中央银行参与回购交易，其目的和普通投资者不同：当货币供给过多时，央行卖出国库券，回笼货币；反之，则买入国库券，释放货币。回购市场成了央行调控经济的重要平台之一。

资本市场构成

资本市场由股市和债市组成，融资期限在一年以上。比如股份公司发行股票，相当于签发了无期筹资凭证，投资者购买了它，就成了企业的股东，所投进去的资金不能撤回。若企业盈利状况好，股息会高于银行利息；若企业经营惨淡，股息也可能低于银行利息；要是公司破产，股东也要一起血本无归。

然而投资者不是傻瓜，不会在一棵树上吊死。他们中多数人买卖股票并不是为了做公司股东，而是要在股市中赢利，所以他们关心的不是股息高低，而是股票价格的涨跌。投资者相机而动，在股价下跌时买进，上涨时卖出，及时转移风险，获取利润。

一般而言，企业经营得好，股票购买者如潮，股价会上涨；若企业业绩不佳，股票就会成为烫手山芋，人们犹恐抛之不及。

当然，经济形势、宏观政策、突发事件等，也会影响投资者预期，使股市风云变幻，起伏不定。不过，僧有僧眼，佛有佛眼。由于股民对股票涨跌判断不同，往往会作出不同的决定，有人一夜暴富，有人鸡飞蛋打。股市潮落潮起，演绎出无数悲欣交集的活剧。

债券不同于股票

债券是筹资者和投资者间的债务凭证。与股票不同，债券的特点是到期可还本付息。我们常见的债券，面值、利率都是固定的。也就是说，购买债券可以获得稳定的收益，只要不是急着用钱，债券持有者大可不必搭上手续费，将债券卖出去。

其实，投资者看中的并不仅是债券能还本付息，而且是债券期限长，其间市场利率变数多。市场利率下降，债券利率保持不变，价格上扬；反之，则价格缩水。若是浮动利率债券，会更有吸引力。长期投资者持有它，可稳赚不赔。

投机者靠判断和运气，在涨跌之前低买高卖，常常赚得盆满钵满。有些企业发行转换公司债，债权人可以凭债券认购公司新股票，发行者左右逢源，债、股两市资金皆能为自己所用。只要判断准确，赚钱机会很多，这正是资本市场的魅力所在。

货币市场与资本市场并非井水不犯河水。哪边收益率高，资金就会流向哪里，就像连通器里的水，总会保持相对平衡。投资者借助各种交易工具，让世间财富在金融市场周转流动，生生不息。

思考题

请你说说货币市场与资本市场有何区别，债券与股票不同的特点是什么。

第2节　资产证券化出奇制胜

资产证券化，英文简称ABS（Asset-Backed Securitization），是指背后有资产支持的证券化。自1970年美国完成“房贷转付证券”首笔交易后，资产证券化逐渐成为一种被广泛采用的金融创新工具。

濒临破产却绝处逢生

美国一家地产公司，经营很不景气，但有一天公司发现自己有一处地产极具旅游价值。这一发现，迅速成为媒体的热点。于是地产公司借风行船，大造声势，并马上将经营重点转向开发这片土地。结果该公司绝处逢生，从此资产证券化引起了社会关注。

开发旅游，该地产公司既无资金，又债台高筑，谈何容易！其实，当时已有不少债权人请求法院宣告其破产，还有债权人要求地产公司用该地产偿债。这时候，美国著名的L&D金融公司登门拜访，并献出了一则锦囊妙计。

具体思路是：地产公司向L&D金融公司申请许可后，以该地产为支持，向社会发行1亿美元的债券，并承诺用地产开发后的收益，来清偿所有的债券本息；L&D金融公司则以自己的信用和地产，为该债券作担保。

由于L&D金融公司信誉高，公众对项目开发也极为看好，所发行的债券被评定为AAA级，结果销售一举成功。地产公司如愿以偿，筹到了1亿美元资金。地产公司拿到钱后，全力开发该风景区，并在4年内还清了全部债券本息；地产及风景区的权属又回归到地产公司手中，公司由此度过了严寒的冬天。

资产证券化的实质

今天的资本市场，应该感谢L&D金融公司，正是其当初的天才一招，使得后来许多的融资难题迎刃而解。而那些如房屋、地产等缺乏流动性，但在未来能够带来巨利的资产，被转换成了可流通的证券，使资产所有者预期的收益得以提前落袋。这一过程，就是如今最流行的金融工具："资产证券化"。

作为20世纪重要的金融创新之一，资产证券化目前在金融领域可谓风光无限，但在50多年前，并未引起人们足够的重视。直到20世纪80年代初，由于受到高利率政策的限制，美国各金融机构捉襟见肘，在困境中，L&D金融公司的经典案例，给了各大金融机构一丝亮光。

美国也是从那时候起，住房抵押贷款、汽车贷款、信用卡贷款、助学贷款、各类应收账款、房地产未来租金收入、航空公司未来机票收入、汽车未来运营收入、税收及其他财政收入等都纷纷证券化，并在资本市场公开交易。

证券化的资产，通常是一些流动性较差的资产，如银行长期抵押贷款、企业应收账款、体育场馆的预期收入等。资产拥有者将自身的各类资产分门别类，加以汇集组合，形成一个个"资产池"，池里所装的资产都具有相似的收益特征。

然后，再把这些“资产池”委托或卖给金融机构，金融机构以“资产池”的预期收益作为偿债保证，以自己的资信为债务作担保，向投资者发行可以转让的证券，从而迅速收回资产占用的本金。

可见，资产证券化的实质，是在资本市场将未来一定期限的预期收入提前变现。这类收入不仅包括各类抵押贷款预期收入，还包括出口贸易、港口、铁路、高速公路的预期收入、公用设施的远期收费收入、版权专利费收入、消费品分期付款等。

证券化的两种方案

资产证券化必然涉及三方当事人：一是原始资产的所有者，或称资产证券发起人，主要是商业银行、贷款公司、抵押担保公司或其他公司等；二是专门公司，主要是投资银行或资产管理公司；三是投资者，包括保险公司、商业银行、养老基金、共同基金、企业法人、各类社会团体和个人投资者等。

发起人的职责，是把将要证券化的资产，如信用卡贷款、汽车贷款、抵押的房地产等，按照不同的信用和收益特征，分类整理为一批批资产组合，交与或出售给专门公司。

专门公司的职责是以这些资产的未来收益作为保证，发行资产支持的证券，并将收回的资金交与发起人或补偿自己的购买成本，同时对“资产池”进行管理、经营和处置，负责收取、记录由“资产池”产生的现金收入，收回资产组合中的偿还本息，支付给投资者。

如此一来，发起人收回了资产占用的本金，专门公司得到了利差或佣金，投资人得到了利息或者股息，三方皆得偿所愿。

在具体运作过程中，资产证券化有两种方案：一种是债权方案，另一种是股权方案。前者以“资产池”为支持，向投资者发行债券，然后通过该“资产池”在其后年度内稳定的现金流入，向投资者逐年偿还债券本息。

该方案最典型的案例，是以奥运场馆未来的租金收入为支持发行的债券。在此方案中，对投资者最重要的保障是“信用增级”。由于准备证券化的资产欠缺流动性，为了增加债券对投资者的吸引力，专门公司必须采取有力措施，提升债券的信用。

常见的“增信”方式有：评估预期收益；区分优先和次级债券；在银行开立现金担保账户，承诺当未来收益不能足额实现时，由此账户给予投资者一定的弥补；由银行或金融担保公司作为第三方，提供全额或部分担保等。

股权方案要复杂一些，专门公司不仅要寻找合乎要求的资产组合，还要寻找理想的技术或项目，使之与“资产池”的资产相匹配。组建技术公司或项目公司后，向投资者公开发行股票，并用技术公司或项目公司运营后所产生的收益，向投资者派放股息。

这方面的代表性案例，是用“地产”作支持，组建房地产开发公司。该方案最重要的制度安排，是“破产隔离”。法律明文规定：无论是资产拥有人还是专门公司发生破产清算，“资产池”都不列入清算范围。这样，将“资产池”与资产所有者和专门公司的经营能力分割开，有力地保障了投资者的权益。

资产证券化的出现与发展，宣告了一种全新融资技术和融资工具的诞生。它不仅丰富了金融市场，而且在现代经济中发挥着不可替代的重要作用。在当今欧美等发达国家，资产证券化非常普遍，目前美国一半以上的住房抵押贷款、四分之三以上的汽车贷款，都是靠发行资产支持证券提供的，而且资产证券化市场，已成为美国仅次于联邦政府债券的第二大市场。

思考题

资产证券化的实质是什么？你认为资产证券化有可能出现哪些问题？如何解决？

第3节　证券生命周期

1994年，巴菲特一度高居世界富豪榜首，让世人惊讶的却不是他的财富，而是他的投资天赋。40多年间，他只做过12次投资决策，但在股市赚得100多亿美元。显然，他不是快进快出的投机者，而是按照股票的生命周期投资获取收益。

产业缘何有周期

产业发展周期，主要受需求变化、技术进步、国家政策等因素影响。18世纪，国际市场上英国纺织品颇受欢迎，纺织业成了当之无愧的老大；19世纪，美国工业革命刚起步，基础工业发展很快，机械、钢铁等位居全球行业之首。可如今已无昔日风采。

科技的进步，也会重排产业座次。电的发明把蒸汽机打入了冷宫，随后IT、生化、智能制造等高附加值产业，又成了时代的新宠。同时，国家调整经济政策，为扶持某些行业，税收、配额、法规等方面略微倾斜，原有的均衡就会被打破。

在计划经济体制下，产品供不应求，负责“商品供应”

的供销社曾经门庭若市，好不风光；而在市场经济体制下，生产过剩，需求不足，供销社一下子变得门庭冷落，风光不再。

此外，人们的消费习惯对产业也有影响。随着人们生活水平提高，其环境意识增强，喜好环保产品，故环保产业发展迅猛。

万物轮回，产业确实有兴衰周期。就像我们人的成长一样，有幼年、青年、中年和老年，产业也分创业期、成长期、成熟期、衰退期。阶段不同，特征相异。受产业周期影响，证券也有生命周期。

产业周期与证券周期

在产业初创期，一切都很稚嫩，此时市场上几乎没有同类产品，无法模仿，只能“摸着石头过河”。虽然竞争对手少，但自身技术也不成熟，能否被市场接受尚属未知。而且初创期的企业需要大量的资金，若没有后续资金投入，很可能中途夭折。

然而难题在于，处于初创期的产业，预期收益虽然高，但风险也大，企业很难进入资本市场直接融资。为此，许多国家特设了“二板市场”，专门为那些当前效益不佳而前景良好的企业提供融资通道。

过了初创期，便进入成长期。产业到了成长期，技术日益完善，产品种类增多，市场需求扩大。因此，处于成长期的上市公司，股票多为绩优股，即使价格有波动，整体趋势却是上扬，这类股票往往大受股票投资者欢迎，也非常适合做长线投资。

西方国家赌场里，有三种颜色的筹码。其中，蓝色为最优，红色次之，白色最差。借用这个比喻，那些处支配地位、业绩良好、成交量大的股份，称作蓝筹股。蓝筹股皆集中在产业成熟期。处在这个阶段的企业，经历了市场优胜劣汰，留下的都是佼佼者，无论从规模、实力或技术上都有一定的优势。

正由于产业已进入成熟期，蓝筹股的股价一般不会大起大落，炒作空间小，收益相对稳定。故投机商对蓝筹股往往不感兴趣，蓝筹股只会受到稳健投资者的青睐。

再绚烂的花朵也有凋谢的时候，产业也会由盛及衰，步入暮年。若随着技术不断进步，市场上出现了更先进的新产品或替代品，原来产品的需求下降，企业利润减少，产业就到了衰退期。此时，其股票也就沦为“垃圾股”。因其高风险性，投资者不敢问津；但这些股票价位很低，适合投机者炒作。

对投资者无优劣之分

将证券的生命周期，分为四个阶段，只是粗略划分，它的实际周期要比这复杂得多。比如，当今国际产业分工格局是：利润空间大、技术含量高的产业，通常在发达国家；而劳动密集型行业，往往在发展中国家。于是，不同行业的业绩也因国而异。汽车行业的证券，在发达国家处于成熟期，但在我国处在成长期；石油行业股票，在发达国家已进入衰退期，但在一些发展中国家还在成长期。

其实，这四个阶段对证券投资者来说，并无优劣之分。为有搏杀空间，企业进入大多会选择初创期和成长期。而证券投资，人们会依据自己的偏好，选择投资时机，并无一定之规。2001年，纳斯达克指数暴跌，偏好网络股的比尔·盖茨，一天损失100亿美元；因人们对高科技股的失望，视线转向传统产业，而喜欢传统行业股的巴菲特，不但毫发无损，反而发了一笔横财。

思考题

证券周期有哪几个阶段？为何说不同的阶段对证券投资者来说无优劣之分？

第4节　股指映出经济冷暖

股指是“股票价格指数”的简称，是由证券交易所或金融服务机构编制的表明股票市场总价格水平的重要指标。股指变化是反映一定时期经济状况的晴雨表。

股票价格与股价指数

计算股价指数，首先得知道股票价格。而股票价格有票面价格、发行价格、账面价格、清算价格、理论价格和交易价格等。

票面价格，就是面值；发行价格和面值基本一致，但股票发行时，有溢价、平价和折价之分。

股票的账面价格和清算价格，可由净资产额计算出。从理论上讲，股价与预期收益率成正比，与市场利率成反比，两者之比便是股票的理论价格。但实际上，股票只是投资者入股的凭证，说白了，是一种虚拟资本。它之所以有价，是因为能够获取股息。

由此看，人们卖股票，只是转让获息权。这个权力值不值钱，取决于预期收益。若公司预期收益下降，其股票将被抛售，股价会下跌；而公司预期收益上升，其股票就会被抢购，股价会上升。所以，把理论价格的公式略加修正，将分子改成股票的预期收益，就成了交易价格。人们通常说的股价，就是指交易价格。

股票价格，显示的是单只股票行情；而股票指数，则反映股市整体走向。任何股指都有个基期，用当天的股票平均价格除以基期的平均价所得出的数字，就是股指。计算股票的平均价格时，多采用加权平均法（对于企业拆股、个股价格下降，可做相应的技术处理）。

以上所说的，只是股指的计算程序。而计算股票平均价时，选取股票的数量、种类，各交易所各有侧重，计算出的股指也不同。

股指中最经典的是道·琼斯指数。它诞生于1884年，开始时只选了11只股票，计算平均股价。现在，该指数也扩大成30种工业指数，即从全美挑取30只最富影响力的股票计算股价平均值而得出的数字，而且有了4个分支：工业平均指数、运输业平均指数、公用事业平均指数、平均价格综合指数。

要说明的是，这30家公司并非一成不变，一些经营不好的公司，往往被替换掉。100年来，一直“待”在里面的，唯有通用汽车公司。人们谈股论经，总以道·琼斯指数为参照，股指老大的交椅，迄今非它莫属。

纳斯达克指数，虽然编制时间还不长，但在股指排行榜里，它的上升之势却后生可畏。它包括4600多家公司的股票，这些公司如微软、英特尔、雅虎等，多从事信息、生物等新兴产业。由于它覆盖面广，成长性强，而备受投资者关注。

此外，标准·普尔指数、伦敦股票交易所指数、日经指数、恒生指数等各有特色，在全球股市里，都堪称元老级、重量级指数。

股指是经济晴雨表

任何一种股指的变动，都以经济形势为根基。当年格林斯潘任美联储主席时，金融界流行这样一句话：格老一声吼，股市抖三抖。据说，每次召开重要经济工作会议前，格林斯潘的公文包，都是股民注视的焦点。如果公文包是扁的，说明无重大政策变动，股市平稳；而若公文包是鼓的，则一定有新政策出台，股市肯定会波动。

一般来说，如果政府采用扩张性货币政策，降低利率，企业融资成本下降，投资热情高涨，企业利润增加，股指会上升；反之，若政府紧缩银根，提高利率，企业融资成本上升，利润下降，股指就会下跌。

但有些时候，股指像个脆弱的小姑娘，政局波动、人为做市，乃至流言蜚语，都会令她左摇右晃。比如，哄抬股价、制造拉升的假象，是庄家惯用的伎俩，散户若盲目跟进，股指就会如脱缰之野马，动荡不定。

先说政局波动。有人发现，美国两党执政和股指之间有个有趣的规律：一般民主党上台的第一年，道·琼斯指数往往上升；可共和党上台的第一年，股指通常下跌。

1982年9月11日，道·琼斯指数大跌，纽约交易所的电话声此起彼伏，经纪人如此形容：刚拿起电话，还没来得及说“哈喽”，对方就冲你喊：“卖，全卖了！”而如此繁忙的抛售，竟是源于两个谣言——政府将紧缩银根和里根总统心脏病复发。

一般说来，股指稳步上扬，是政府梦寐以求的。而股指剧烈动荡，则会令政府头痛。股指下降时，股民纷纷离场，企业融资难度加大，利润下降，失业增加。如此一来，轻则经济增长放缓，重则政局不稳。股指上升，人们竞相投资，企业融资便利，效益上升，就业增加。

当然，股指如果上升过快，也容易导致经济过热和通货膨胀。股指影响人们的预期，不过离实际经济变化有一定的时滞。一旦股指波动过大，政府便可利用这个时滞，采取相应措施改过纠偏，以减缓经济波动。这样看，股指对经济发展也有预警作用。

股指期货梦想成真

俗话说，不能把鸡蛋放在一个篮子里。拿股市来说，多投资几种股票，有赢有亏，比只投资一种股票更为安全。但是，碰上经济形势恶化，股指全面下滑，再高明的股票组合也无济于事。

众所周知，通过期货市场，可规避现货市场风险。但由于股票指数没有实物载体，你买了看跌的指数，就算到期股指下跌，你赢得了几个指数，却不能把指数带回家。有人会说，将它换成股票啊。可是，用股指换股票换多少、换哪种，都不好确定。曾经一段时间，股票指数期货只是人们的梦想，却难以梦想成真。

1982年，美国堪萨斯农产品交易所，推出了第一份股票指数期货，并用“现金交割”的办法，解决了操作难题。具体讲，就是交易所先制定一个“现金乘数”，然后用股指变动的点数，和这个“现金乘数”相乘，便可计算出交割时的盈亏额。

举个例子，假定每个指数代表500美元。6月刘太太买进股票1000份，每份20美元，但她担心股市下滑、股票贬值，同时买进9月的股指期货120点。到了9月，股指跌到115点，她买的股票只卖18美元。在现货市场里，她亏了2000美元［（20−18）×1000］；而在期货市场里，她赚了2500美元［（120−115）×500］。算下来，她赢利500美元。股票指数期货，因能对冲风险，又便于操作，被称为资本市场的一大创新。

股指诞生至今，不过百余年时间。全球的股指，可谓种类繁多，各有千秋。但随着世界经济一体化，股市波动也由此及彼。各种指数虽结构不同、数据相异，但它们一般同升同降。近几十年来，全球几种著名的股票指数，变化的相关性竟高过90%。

思考题

股票价格与股价指数有何区别？全球股指大多时候为何会同升同降？

第5节　警惕外债陷阱

以1982年8月墨西哥宣布无力偿还外债为标志，拉美债务危机爆发，随后巴西、委内瑞拉、阿根廷、秘鲁和智利等国也相继发生还债困难。平心而论，没有哪个国家会故意赖账，以致信用丧失，颜面丢尽。非不还也，实不能也。债务国之所以面临如此窘境，是因为举债失当，落入了“债务陷阱”。

借入外债渠道

按照世界银行的定义，外债是指一国居民对非本国居民承担的、契约性和有偿还义务的负债。外债的来源大致有五个渠道。

一是国际金融组织贷款。只要是相关组织的成员，就可按照规定借入资金。这些贷款期限较长，平均利率较低，是发展中国家重要的筹资渠道。

二是外国政府贷款。此类贷款具有经济援助性质，根据国际惯例，其中要含有25%以上的赠与成分。不过，放款方也不会白白让利，会提出很多附加条件，比如要求对方投桃报李，增加某些商品的进口等。

三是国际商业贷款。放款方是商业银行、跨国公司或富商巨贾。商业贷款手续简便，附加条件少，但期限短，利率随行就市，受金融市场波动影响较大。

除上述三种贷款外，一国政府、金融机构或企业也可在国际债市发行债券。这类债券不是以本国货币，而是以外币计值，流动性强，发行面广，借得资金多。因此，发行人的信用等级会直接影响债券发行，而且除了向投资者支付利息外，发行方还要额外支付一笔发行费。

近年来，国际金融租赁非常盛行，借债方只需投入少量资金租用机器设备，日后定期支付租金，就可以在约定期限内，退还机器设备，或者买下设备残值。

借用外部资金发展本国经济，是国际通行做法，本身无可厚非。但是，外债是一把“双刃剑”，如果利用不好，外债规模过大，结构不合理，管理失控，便会背上债务包袱，甚至引发债务危机。

20世纪70年代，能源价格上涨，石油输出国贸易持续顺差，积累了大量盈余外汇，称为石油美元。这笔巨资充斥国际金融市场，压低了全球利率。发展中国家正愁资金短缺，于是敞开口子，大量举借外债。

没承想，到80年代初，西方国家爆发了经济危机，不仅减少了初级产品进口，还实行高利率政策，发展中国家债务负担急剧增加。到1984年，先后有31国出现债务危机，拖欠外债1673亿美元，涉及西方几千家银行，受其冲击，国际金融体系岌岌可危。

所幸的是，在借贷双方共同努力下，问题最终得到了化解。然而，这次全球债务危机，毕竟留下了浓重的阴影。如何合理利用外债，防范危机重生，成为各国政府普遍关注的问题。

三条警戒线

俗话说：好借好还，再借不难。为了管好和利用好外债，各国都确定了外债规模管理指标。其中，国际社会通行的指标主要有三个：偿债率、债务率和负债率。

所谓偿债率，是指当年应偿还的外债本息，与当年外汇收入之比，警戒线为20%。如果高于这一比例，说明外汇收入不足以承受还债负担。

债务率，是指年末外债余额与当年外汇收入之比，警戒线为100%。

负债率，则是指外债余额与国民生产总值之比，警戒线为20%。

上述三个指标，主要是从静态角度，衡量外债规模是否与清偿能力适度。此外，还有一些动态指标，用于监控外债增速是否正常。比如，外债余额增长速度，一般不能高于GDP增长速度；年偿还外债本息增长速度，不应高于年外汇收入增速。

除规模指标外，外债期限指标也很重要。1年以内的短期外债，易受国际市场影响，风险较大，故短期外债占外债总额的比例以不超过20%为宜。要强调的是，这里所说的期限，是一个相对概念。如果一笔期限10年的外债，到了第9年，其外债余额就应算作短期外债，而不能算作长期外债。

同时，举借外债还要考虑汇率。筹资货币既要多样化，还要选择汇率有下跌趋势的“软货币”。比如，预计10年后日元对美元贬值，日元则为“软货币”，借款时就应选择借日元。

假设借入1.5亿日元，按100:1的汇率，兑换成150万美元。还款时，如果1美元可兑换150日元，那么，只需拿出100万美元，就可归还原来的贷款，剩下的50万美元，还了利息还能有剩余；反之，借款时若选择了美元，借方便会不堪重负，甚至还不起债。

合理使用外债

世界银行曾对45个债务国做过专项研究。结果表明，出现债务危机的国家，除了债务规模过大、增速过快、短期债务比例太高、币种选择不当等原因外，很重要的一点，是外债使用不当。

短期借款本应用于见效快的项目，有的国家却短债长用，投入了基础建设，结果到了还债期，一堆半拉子工程，没产生效益。

商业贷款应该投入创汇能力强的项目，如果用于非生产性领域，比如填了财政亏空，债主讨上门来，只能拆东墙补西墙，借新债还旧债，这就无异于饮鸩止渴，债务像雪球越滚越大。

借了外债，如果不用于优化经济结构，出口创汇能力没有增强，经济实力没有显著提高，债务国便容易落入“债务陷阱”。

借债还钱，天经地义。据说，东周的周赧王因为还不起债，逃到一个高台上去躲避，后人将其避债之所称作债台。债台高筑的周赧王，千百年来为人所耻笑。当今时代，每一个负责任的债务国都应防患于未然，切不可把“信用”当儿戏。

思考题

谈谈你对外债“三条警戒线”的看法。你对合理使用外债有何建议?

第6节　防范证券风险

证券市场出现后，股票、债券、投资基金等衍生工具各显其能，成交额日益扩大。可繁荣的背后也潜伏着风险。从300多年前的“南海泡沫事件”，至21世纪初安然、世通集团造假案，市场从未平静过。说明证券市场应警钟长鸣，严加防范风险。

证券风险无处不在

无论是投资者、上市公司，还是券商，都会因风险而受损。投资者可能因信息不充分，或判断失误盲目沽入，结果却碰上股价下跌；或因上市公司业绩不佳被摘牌，股东也会跟着倒霉。

上市公司也有风险：倘若监管不规范、不完善，难免有人浑水摸鱼，乘机操纵市场，于是小公司极易被收购，成为别人的盘中美餐。上市后，公司备受关注，透明度高，一旦经营不善，坏事传千里，信誉也随之下降，再想融资，就会难于上青天。

无论市场起落，券商照收佣金，看似高枕无忧，实则也是风险难料。如证券市场一旦有丑闻曝出，投资者大失所望，人气受挫，市场冷清，券商就没了佣金。自营业务一块若操作不当，也会造成巨额损失。

20世纪90年代初，日本经济泡沫破裂，日经指数像坐了滑梯飞流直下。已入市的股民伤心流泪，落荒而逃；未入市者，或握紧钱袋，或将资金转向国外。日本证券业为之萧条，一时间，券商收入锐减，很多证券公司无以维生，只好破产。

行业自律力有不逮

英国证券业历史悠久，在规避风险方面自成一家。它们认为，券商们为争一勺粥，往往斗得多败俱伤。减少各方的损失，不如加强行业自律。为此，英国形成了一套严格的行业自律机制。

英国的自律体系，由三个机构组成：证券交易商协会、收购和合并问题专门小组、证券业理事会。证券交易商协会，由证券市场的会员选举产生，每年改选其中的三分之一，它所制定的《证券交易所监管条例和规则》，对上市公司标准、连续披露信息等有严格的要求。

收购和合并问题专门小组，对上市公司的股权收购行为予以规范。证券业理事会，由英格兰银行提议设立，它的职责是根据形势的变化，不断修改并制定上市和交易准则，并监督实施。

以上三大机构既独立行事，也相互合作。

既然是自律组织，所制定的规则，针对性和可操作性都较强，而且对业内突发事件，也能及时、灵活处理。但由于自律机构成员多为券商和上市公司，当投资者和券商利益相悖时，它们往往会损人利己，先保全自己利益，这显然对投资者不利。

再有，自律机构作为民间组织，对从业者约束力不强，市场一旦发生大的动荡，自律往往力所不逮。1929年发生股灾，道·琼斯指数“一泻千里”。对许多股民来说，原本稳如泰山的财富，顿时灰飞烟灭。这次股灾，引发了一系列问题：经济萎缩、工人失业、社会不稳等。

美国另辟新径

与英国不同，美国历来是一个重监管的国家。1934年，美国成立了证券交易委员会，统管全国证券业。委员会依据《证券交易法》而成立，只对国会负责，其5名成员，都由总统任命，参议院批准。

一般来讲，实施监管为主的国家，都有最高监管机构和相关法律。其主管部门大致有三类：美国证监会，由国会主管并授权；巴西和泰国证券管理部门，则属于中央银行的一部分；日本、法国、韩国等国家的证监机构，则隶属于财政部。

从证券法律体系看，美国颁布了《投资公司法》《投资顾问法》《证券投资者保护法》《银行持股公司法》等。这些法律，除对上市、交易行为有具体规定外，还突出了信息披露制度，上市公司得定期公布相关信息，如上市准备条件、内部人员交易状况等。若信息不实，公司得赔付股东损失，其董事会成员也将受法律严惩。

此外，为规避风险，美国还曾经实行分业经营制，严禁银行等金融机构参与证券交易。

对于具体的证券机构，无论是监管还是自律，都是外部制度。无形的制度，并不能杜绝违章操作，所以需要建立内控机制。通过相互监督，并要求机构成员负连带责任，实行权力制衡。

英国巴林银行曾有200多年的经营历史，业务涉及银行、证券等，因其信誉良好，女皇也托其代管资产，有“女皇的银行”之称。然而，巴林银行因内控不严，于1995年2月宣告破产。

事情是这样：巴林银行新加坡分行经理尼克·里森既从事前台交易，又管后台清算，总部居然没有发现。1994年下半年，里森肆意妄为，大量买进日经225指数期货合约和看涨期权。1995年1月16日，日本关西大地震，股市暴跌；2月24日，日经指数再次加速暴跌，造成了14亿美元损失。至此巴林银行资不抵债，不得不关门。

巴林银行事件无异于平地一声惊雷，提醒人们：堡垒容易从内部攻破，加强机构内控，是防范风险的上选之策。

行业自律、政府监管和机构内控，如同防范风险的三道岗哨。虽然各国在监管实践中各有侧重，但政府参与监管已成国际潮流。就连一向强调自律的英国，也意识到了政府监管的重要性。1986年英国颁布了《金融服务法》，规定贸工部为证券业最高权力机构，并设立了机构证券投资局，对全国证券业统一管理。

与此同时，由于政府监管成本过高，过去以监管为主的国家也看到行业自律的好处，大力扶持自律组织。美国相继成立了证券交易商协会、期货业协会等自律组织，并制定了相应的章程。韩国也成立了证券商协会。近年来，内控又成了金融监管的热点，各国纷纷出台法律，规范证券风险的内控机制。

全球经济一体化、证券风险的流动性，把全球的证券行业拴到了一条船上，为了加强合作，早在1983年就成立了国际证监会（IOSCO）。通过国际证监会，各国证券业可以携手监管，防范跨国不法交易。虽说防范风险的措施越来越完善，但无法完全消除风险。只要有证券市场，猫和老鼠的故事就会不断演绎下去。

思考题

你对英国证券自律体系有何看法？如何完善证券市场的外部监管制度与内部控制机制？

保险市场排忧解难

保险分摊风险损失

保险中介搭桥铺路

商业保险枝繁叶茂

社会保险心系百姓

再保险为保险分忧

保险市场尤需监管

第九章
保险市场排忧解难

保险市场是由买方、卖方、中介人三者构成的市场。其中，买方是指有保险需求的投保人或被保险人；卖方是指提供保险保障的保险机构（公司）；保险中介人是指保险代理人、经纪人和保险评估人。

第1节　保险分摊风险损失

保险是由当事人双方自愿缔结合同，投保人根据合同约定，向保险公司支付保险费；保险公司则根据合同约定，对事故发生所造成的财产损失承担赔付保险金的责任。

因风险而生

在中世纪，长途运输主要依靠航海业。地中海连接亚、欧、非，以其得天独厚的地理优势，当之无愧地成了全球的商贸中心。国际贸易的巨额利润，让各国商人乐此不疲。然而恶劣的天气、凶猛的海啸，时常卷走整船的货物，弄得商人血本无归。为分摊风险，13世纪末，在意大利北部港口城市，保险业应运而生。

虽说保险业在意大利萌芽，但当时还很稚嫩，仍在蹒跚学步。保险业的第二故乡是英国，严谨而善于学习的英国人，将地中海沿岸的金融业务搬回了家，并加以发展，使其日趋完善。

在大英博物馆里，保存着一份从加的斯到伦敦的航行保险单，这份文件签署于1547年9月，虽说仅14行，却是英国最古老的海上险合同。以后的保险合同条款增多、篇幅变长，使最早的险种——海上险，也更为规范了。

天有不测风云，1666年9月，伦敦市皇家面包店由于烘炉过热起火，火灾持续了5天5夜，使13000多户住宅烧成灰烬、20万居民流离失所。人们大半辈子积攒的家财，顷刻间成了废墟，他们不能接受这现实，更不知如何面对未来的生活。残酷的事实，让他们明白天灾人祸防不胜防，只有像船商那样形成风险共担机制，才能减少后顾之忧。

防灾意识的增强，为新险种的出现提供了可能。第二年，有位名叫巴奔的牙科大夫，设立了世界上第一家火灾保险公司，该公司开业后仅短短三年，就赚得盆满钵满。

随着社会发展进步，丰衣足食的人越来越多，人们的需求升级，更加重视生命和健康，于是对寿险有了需求。可与海险与火险不同，寿险不能根据以往事故发生的概率确定保费率。因为人们的健康状况各异，所处的环境又千差万别，对不同人的“寿命”多长很难确定。

17世纪末，寿险市场的业务仍局限于短期而少量的范围内。在保险市场上，似乎只是零星的点缀。然而，无巧不成书，那时英国有不少数学家正力图攻克“死亡表”的难题。1693年，爱德华·哈雷根据德国布勒斯市居民的死亡资料，编制出第一张完整的死亡表，精确计算出了各年龄段人口的死亡率。

18世纪中期，托马斯·辛普以此为据，制定出保险费率表，寿险业务终于找到了它的科学依据。1762年，第一家人寿保险公司——伦敦公平保险公司成立，此举标志着现代人寿保险制度的形成。此后，海上险、火险、人寿险作为三大险种，在经济舞台上大显身手。

风险分摊机制

经济增长带来了无限商机，也使风险层出不穷，保险的触角随之延伸。随着保险技术的改进，保险业水平的提高，很多原来不可保的风险，现在成了保险业的新增长点。世界著名钢琴家理查德·克莱德曼，就曾为自己的一双艺术之手买了50万美元的保险。

风险具有偶然性，并不是每个人每一次都会碰上。保险虽不能减少风险，但可以形成一种机制，让相关当事人共同分担风险损失，让受损者不至于血本无归，可以有从头再来的机会。

举一个人们熟知的案例。2001年2月，因“雾闪”事件，邯郸钢铁集团有限公司供电中断，造成设备损坏而全面停产，直接经济损失达2000多万元。这是该公司自成立以来最大的一次事故，有“巨人断腕”之痛。因该公司购买了保险，不久就得到了中国平安保险公司650万元的赔付，使公司迅速恢复了生产。

另一个例子是一家百货商店。当年该商店交了918元保费，为45.9万元的财产全部投保，后来在一次火灾中损失惨重。根据合同约定，保险公司给予了44.7万元的赔付。收到赔付的第二天，商店便重新开业。正由于购买了保险，商店才避免了44.7万元的损失。

保险业前景无限

随着保险业的发展，保险基金数额也越来越多。保险机构自然不会让这批资金闲置。在西方国家，他们将它作为投资基金，或购买国债或贷给企业。我国保险公司也在逐步向国际标准靠拢，各大保险公司已成为投资者。如此一来，不仅提高了资金收益，也促进了经济发展。同时，通过强化保险公司间的竞争，让消费者因此享受了更低的保费，可谓一举三得。

作为金融业的一员干将，保险业一直在为企业和社会公众排忧解难。进入21世纪后，人们已普遍将“保险”视为生活必需品。美国目前有大大小小的保险公司约8000家，从业人员230万人，保费收入达千亿美元。瑞士也被称为“保险到牙齿的国度”。

相对而言，目前我国保险事业规模依然偏小，保费收入占GDP的比重为5%，远低于世界平均水平的7.52%。而中国作为全球第二大经济体，拥有14亿多人口，保险业的发展前景无限。

思考题

为何说商业保险是因风险而生？保险是如何为投保人分摊风险损失的？请举例说明。

第2节 保险中介搭桥铺路

中国封建社会男女授受不亲，到了谈婚论嫁的年龄，就开出一定的条件，由媒人代为寻找门当户对的“另一半”。现代社会中，保险中介就有点像“媒人”：在保险人和投保人之间搭桥铺路，促成交易。

一手托两家

一个有头脑的人，总是希望自己能用最少的钱办最多的事，这正是人们选购商品要“货比三家”的原因。随着市场经济的繁荣，保险公司日益增多（英国有800多家保险公司），新险种层出不穷。对于投保人来说，要了解每家公司的情况，并挑选出适合自己的险种，并非一件容易的事。

换个角度看，每一家保险公司，面对着广阔的市场，想知晓鳏寡孤独者的需求，也非常困难；而如果在偏远山村或地广人稀的地方建一个分支机构，经济上又不划算。卖保险如同卖商品，销售状况当然取决于营销，但关键还是要看它的性价比。

保险公司为了满足客户需要，会将更多的精力投入新险种的开发，而将市场拓展委托给他人代劳。有需求就会有市场供给，保险人和投保人的共同需要，使保险中介事业迅速发展起来。

从表面上看，有了保险中介后，保险人和投保人之间好像多了个“第三者”，让投保程序变得更为复杂；然而实际上，保险中介的出现正是社会分工的结果，它一手托两家，也为保险人和投保人节省了大量交易费用。

保险中介人大致有三类：代理人、经纪人、公估人。代理人是保险人“延长的手”，他们接受委托代办保险业务，并领取相应的佣金。当然，不同的国家代理人的分类也不尽相同。

在我国，实收资本超过50万元、有代理人资格证书、职员不少于30名专门从事保险代理业务的公司，称为专业代理人；只为一家保险公司做代理服务的个人，叫独立代理人。而民航、铁路、旅游公司等特殊部门与保险业息息相关，若这类部门指定专人从事保险工作，这些人便称作“兼业代理人”。

保险经纪人代表着投保人的利益，他们按投保人的要求，到保险市场上去寻找合适的保险人，并从保费中向保险人收取佣金。

所谓保险公估人，其实相当于裁判，在发生理赔案时，如果保险人和投保人意见不一致，就可以委托保险公估人调查定损，确定赔付金额，并本着谁委托谁付费的原则，付给公估人佣金。

高门槛、细分工

保险界有一句名言："保险不是投保人来购买的，而是由保险中介人卖出的。"国外保险中介公司的数量，往往是保险公司的好几倍。

法国有500多家保险公司，而中介公司达2400多家。瑞士保险公司仅30多家，中介公司就有1000多家。英国的经纪中介机构最多，有8万多家。60%以上财险是由他们促成的。美国保险市场，最活跃的是保险代理人，总数有100万之多。

保险中介是一种高门槛的行业，在西方国家，要从事保险中介活动，必须有从业资格证书。美国的保险中介制度种类繁多、层次分明、考试严格。在纽约，要成为一名专业保险代理人，必须经过五个阶段：合同前代理人、代表、代理人、主代理人、高级代理人。

而且每一个阶段都要接受3个月到2年的培训，受训内容包括法律、职业道德、销售业务、财产安排、目标市场规划等。在经济发展过程中，技术含量的增加，必定会使专业分工越来越细，而分工越细又会促进效率的提高。

比如美国有一些州明确规定，保险经纪人不得办理人寿保险和年金保险业务，经纪人公司一般设在大城市里，主要承办财险业务，尤其是大企业或大项目的意外险。代理人活动范围较广，但他们内部也有相应的分工。

财险和寿险的性质不同，在中介人佣金上，支付方式不同；各国的具体情况各异，佣金率（佣金占保费的比例）也各不相同。财险是短期险，其中介费用可以一次性付清，也可以按月、季、年支付。以美国为例，一般火灾险的佣金率为18%，车险为16%。当然，中介人还可以与保险公司讨价还价，商议佣金数额。

寿险多属长期险，其佣金分为两部分：首期佣金和续期佣金。首期佣金，根据险种不同，按一定比例从首期保费中提取。只要投保人继续交纳保费，中介人就可从续期保费中获得续期佣金（该比例逐年递减）。保险公估人，按国际惯例，一般向委托人收取5%的佣金。

看住中介机构

保险业是一项民心工程，涉及千家万户，所以保险中介人作为市场主体，就得按市场规则办事，并接受市场监督。英国颁布了《经营法》，设立了专门的监管机构对保险经纪人进行监督管理。

英国《经营法》规定：保险经纪人执业的前提条件是，必须拥有100万英镑以上的净资产，提交25万—75万英镑的保证金。一旦被发现有违法行为，经纪人不仅要被理事会除名，并且终生不得从事保险经营活动。

美国政府向各地委派保险特派员，对保险中介的违规行为予以处罚。美国有一整套行业自律条例、日常行为规范，并建立了保险中介人信息档案库，全面记录中介人的执业情况，并接受公众的查询和投诉。在“无信用寸步难行”的美国，此举让中介人不敢以身试法。

我国施行《保险公估机构监管规定》《保险专业代理机构监管规定》《保险公司管理规定》等，我国保险中介市场的法规体系已经形成，并在实践中取得了效果。北京一家保险中介机构——博伦威科贸有限公司，因恶意拖欠保险费，形成侵占事实，被吊销了保险兼业代理许可证。

思考题

保险中介机构的作用是什么？为什么要看住保险中介机构？国外有哪些经验可以借鉴？

第3节　商业保险枝繁叶茂

目前保险业有两大主角：一是社会保险机构，二是商业保险公司。不过从保险业历史看，则是先有商业保险公司，然后才有社会保险机构，而且如今商业保险已经枝繁叶茂，担当保险业的主角。

人寿险、健康险、意外伤害险

商业保险说细了会很复杂，从大的方面看，商业保险有四个大的类别：人身保险、财产保险、责任保险和信用保险。以前经济不发达时，保险业务不多，责任险和信用险统属财险门下。但随着经济发展，责任险和信用险渐渐“长大”，而且自立了门户，于是形成了今天寿险、财险、责任险、信用险四分天下的格局。

生老病死是自然界的规律。秦始皇统一六国后，处于权势的巅峰，但仍然怕死。为长生不老，他四处寻求“仙丹”，可“规律”无情，无论地位如何显赫，在死亡面前人人平等。秦始皇费了九牛之力，结果也没躲过一死，反而还留下笑柄。

现代人肯定比秦始皇理智，但生命只有一次，谁都会倍加珍惜，为了满足人们这种需求，保险公司推出了“死亡保险”。

再一种情况，有人担心自己寿命过长（怕不死），年老体衰时生活没有保障，于是，生存保险应运而生。购买生存保险，待其无力谋生（如90岁）时，就可到保险公司领取保险金。

还有一类人，既怕早死，又怕老不死，对这两种情况都心存顾虑，于是就有了“双保险”——生死两合保险。无论投保人是活是死，保险公司都得买单。不过，收取的保费通常也要高一些。

以上三种保险，都与人的生命有关，故总称人寿险。

在医学上，病和伤是两个概念。由身体机能原因引起的身体不适，称为病；由外界偶发因素给人造成的损害，叫作伤。根据这种分类方式，保险公司开办了另外两种人身保险：健康险和意外伤害险。

疾病、生育、医药事故基本在健康险门下。意外伤害险，是针对人们意料之外的事故而给予的赔付。但是，保险公司为防范风险，规定战争和军事行动所导致的伤亡，不属意外伤害险的范围。

人寿险、健康险、意外伤害险都属于人身险，但后两者的保险期限短，出险概率的估算并不是太复杂，操作上也比较简便。

火险、海险、利润损失险

保险业其实是与时俱进的。社会越进步，保险也就越发达。比如最早的火险，当时只是针对因火灾而引起的财产损失，现在已成为一种范围较广的综合保险。

原先的海险，仅限于船舶、货物和运费。而现在凡是与海洋有关的风险，如货物在海域或在内陆湖泊运输过程中，或在仓储和停泊时发生的风险，甚至海上石油开发的风险，都包括在海险之列。

利润损失险，在美国被称为营业中断险，在英国则名为灾后损失险，相比而言，这是一个全新的险种。但它并不是对损失本身进行赔付，而是对灾害所引起的停产、停业等间接经济损失实行补偿。

除火险、海险、利润损失险外，财险中还有一些行业险。

农业受自然条件影响大，风险也大。为了降低风险损失，农民希望有险可保。可对保险公司来说，农业险无疑是一块肥肉，但难度很大。一般的险种投保标的受损的情况虽不确定，可出险概率基本相同。农业险不一样，所处的地理位置不同，出险的概率就大不一样。

有经验的农民，完全可以估算出自己受灾的概率。如此一来，出险率低的地区，人们就不愿投保；而踊跃投保的，往往是出险率较高的地区。所以在保险公司看来，提供农业保险会得不偿失，故积极性不高。针对这种情况，政府只好对为农业保险的商保公司给予补贴。

另外还有运输保险和工程保险。运输保险是指在海险之外，对铁路、汽车、飞机运输提供的保险，工程保险是为建筑、安装、机器设备等提供风险保障。工程是一个动态过程，不仅耗资巨大，而且操作复杂、技术性强，保险人若没金刚钻，一般不会揽这个瓷器活。

责任保险、信用保险

保险界曾经有过一场争论。有人认为，责任也是一种风险，也需对其保险。但有人说，为责任提供保险，就是对不负责的纵容，不符合社会公共道德。其实，人非圣贤，孰能无过？工作出现过失在所难免。如果医生害怕出事而不敢做手术，科学家怕冒风险而不愿向高新技术挑战，那么疑难杂症、科学难题，就永远不可能被攻克。

为了推动创新，责任保险终于得到了人们的认可，并成了保险界的一枝奇葩。责任保险以法律为依据，只有当投保人必须承担法律责任时，保险公司才给予赔付。

责任险也有不同的类别：为公共场所如影院、酒楼、学校、机场等地投保的责任险，是公众责任保险；为产品质量可能对消费者产生伤害所投的保险，是产品责任保险；医生、律师、设计师、会计师，为降低职业风险，可购买“职业责任保险”；有的国家法律规定，雇员在受雇期间，所受的任何伤害，都由雇主负责，雇主若怕受拖累，可购买雇主责任保险。

市场经济是交换经济，要交易，就得有交易契约。由于交易双方信息不对称，契约往往难以达成。比如一个商人，发现了一桩好买卖，但就是手头缺钱，本想向银行贷款，可银行贷款要求有财产抵押，商人原做的是小本买卖，没有足够的财产。也正由于商人家小业小，银行担心对方骗贷，故不敢放贷。结果，商人赚不到钱，银行也少了利息。

其实，只要有一个中间人出面替商人作保，就可达成双赢：中间人可得担保佣金，商人可赚到利润，银行也得了利息。这个中间人，就是保险公司。诸如此类与借贷有关的担保，皆为信用保险。投保人若因信用问题利益受损，便可向保险公司索赔。

如果说，从前商业保险只是一棵幼苗，那么今天已枝繁叶茂，长成参天大树。随着新业务的不断推出，诸多险种会一起联起手来为市场经济遮风挡雨，保驾护航。

思考题

目前国内商业保险能提供哪些险种？请你结合现实案例分别予以解释。

第4节 社会保险心系百姓

大千世界，有富人也有穷人。富人购买商业保险不费吹灰之力；而有的穷人如鳏寡孤独、老弱病残等却买不起商业保险。文明社会，讲究生存平等，即便是穷人，也需要老有所养、病有所医，为照顾这些弱势群体，各国政府纷纷建立了社保体系。

现收现付制遇到挑战

社会保险的宗旨和商业保险不同，社会保险心系百姓，目的是为民谋利。然而，权利和义务对等是商品社会通行的法则。社会保险虽由政府牵头，但也非见者有份。很多国家规定，工作需满一定年限，并对社会有所贡献的人才能参加社保。

商保和社保，费率也不相同。商保有点像去饭店吃饭，厨师工资，店主利润，全都要计入你的账单；而社保则像公共食堂，人员工资、办公费用，归公家列支。就是说，雇主、雇员、政府三方出钱，而受益的只是雇员。所以与商保相比，社保的费率要低得多。

在社会保险中，医疗保险历史最长，也有人称之为“健康保险”。起初，政府办医保是为给因病不能工作、没收入来源的人提供补助或医疗服务。可后来政府发现，与其病后就医，不如病前预防，于是疾病预防和早期诊治便成了医保的重点。

医疗保险，很能体现人文关怀，不仅为病人提供治疗费用、病休津贴、家属补助，有的国家还为孤寡病人特设护理保险。不过，随着人口老龄化的出现 ，保健服务和药品需求猛增，再加上医疗技术不断翻新，医保开支越来越大。若不采取措施，长此以往，将难以支撑。

俗话说，巧妇难为无米之炊。政府手里没钱，想积德行善，也是有心无力。为不使医保“夭折”，各国政府不得不提高个人的缴费比例，或将一部分险种，由社保转为商保。

比起医疗保险，养老保险牵涉面更广。保险学上，有个著名的迭代模型，说的是，下代人（在职人员）交纳养老金，给上代人（退休者）颐养天年，等下代人老了，再由下下代人赡养，这一收一支，如同接力赛一般，永不中断。这种支付模式，也叫现收现付制，其原理简单，易于操作。

但随着人均寿命的提高，退休人员比重上升，现收现付制就渐显出它的不足。以智利为例，1955年，每12个职工赡养一个退休人员，可如今该比例为2.2∶1。如此一来，要把现收现付制维系下去，只能提高缴费率。可缴费率提高，企业负担加重，利润减少，雇主必然裁员。企业减员，失业增加，失业保险支出又会增加。

失业保险三道底线

本来，养老保险和失业保险，如同跷跷板的两端，这边下去，那边就会上来。所以拆东墙补西墙，无异于挖肉补疮，当缺口越来越大时，必定陷入偿付危机。为防范危机，1980年，智利率先推出基金积累制。规定每个员工自参加工作起，就得向个人养老账户交费，到退休时，方能领取。

政府还规定，退休人员不得在就业市场里“抢饭碗”，否则，必遭重罚。此举一出，立竿见影。十多年后，智利的养老金账户，不仅摆脱了亏空，而且还赢余200多亿美元。养老难题迎刃而解，不少国家纷纷效仿。此后，基金积累制被推而广之。

市场经济社会的通病，是生产过剩。生产过剩导致失业，失业关系社会稳定，故各国政府都会把失业保险视为社保的重中之重。不过，失业保险也不是免费午餐。享受失业保险通常有三道底线：工作经历、缴纳保险金、非自愿失业。

失业保险的初衷，是想让失业者衣食无忧，但它也可能让“假失业者”（自愿失业者）钻空子、搭便车。为防止养懒人，现在很多国家把鼓励再就业作为制定失业保险政策的目标。保险费的给付，向积极再就业者倾斜。

比如德国的失业保险费中，就有40%用于职业培训；阿根廷规定，失业4个月内，失业保险金为原工资的100%，然后，该比例逐渐降低。欧洲有些国家还规定，若失业人员自贬其值，“屈才”再就业，还可到社保机构领取部分失业保险金。

除失业保险外，还有一个工伤保险。顾名思义，工伤保险是指为因工而受到伤害的员工提供的保险。可各国对工伤的界定有宽有窄。比如由于工作场地发生意外事故，导致员工被烧伤、砸伤，工人长期接触有害物质得了职业病，受伤致残等，属于狭义的工伤。但有的国家，对工伤界定范围很广。比如我们中国，职工参加抢险救灾、与工作相关的义务劳动、上下班途中遇到交通事故（违章行为除外）而受到伤害，都定为工伤。

1964年，国际劳工大会规定，在劳动者受伤的第一天起，社保机构就必须支付伤残金。一起事故，可能会让大片人受害致残，甚至死亡。一家小企业，若是摊上这样一桩事，面临巨额的医疗赔付，就可能要倾家荡产。为避免这种情况，许多国家颁布工伤保险法，设立工伤保险基金，以举全社会之力，接济出险企业，援助受伤者。

社保基金量出为入

人们谈论风险，无非是两类：一类是意料之内，能够预测，如疾病、老龄化、生育、失业等；另一类是意料之外，防不胜防，如飓风、海啸、动乱、战争等。社保基金支出也与此相对应，分为两部分：一为基本责任支出，二为意外支出。

社保基金的运营，是量出为入。其基本思路，是根据大数法则，计算出各险种的发生频率、支出总额，然后按险种性质，确定雇员、雇主和政府的负担比例。为不使雇员负担过重，国际劳工大会102号公约规定，雇员自己负担的保费，不得超过总保费的50%。

社保基金虽然有收有支，但收支并不完全相等。有时会收不抵支，出现赤字，但有时也会有大笔资金留在账上。目前全球资产总额中，就有近20%（10万亿—12万亿美元）是发达国家的养老金资产。作为社保基金，安全性当然是第一位的；不过大量资金闲置，也是一种浪费。所以除存入银行外，现在有些国家为了社保基金保值增值，也开始投资不动产或有价证券。

社会保险有“安全网”“防震器”之美誉，对“护卫”劳动者、维护社会稳定可谓厥功至伟。然而，社保水平一旦提得过高，要降下来就千难万难了。西方有些国家还因此患上“福利病”。可尽管如此，西方有些当权者为了赢得选票，宁愿死拼硬撑，也不敢去碰削减社保这根“高压线”。前面有车，后面是辙。看来，社会保险还得脚踏实地、量力而行才对。

思考题

社会保险为何不宜实行现收现付制？失业保险的三道底线是什么？为何要设立这三道底线？

第5节　再保险为保险分忧

美国“9·11”事件，使数千人命丧黄泉，造成经济损失约300亿—500亿美元；而由此形成的财险、寿险索赔，也创出历史新高，对保险业来说，无异于一次劫难。按常理，美国的保险业界即使没有灭顶之灾，也会大伤元气，然而事实上，在全部的索赔额中，美国本土的保险公司仅占42%，而其余部分，则由德国、英国、瑞士等国的再保险公司共同扛了起来。

再保险也是分散风险

现代保险业很发达，几乎是哪里有风险，哪里就有保险。人们把风险交给了保险公司，遭遇风险事故就向公司索赔。然而，有的巨灾事故如飞机失事、地震、飓风等，其损失动辄数亿美元，一般的保险公司摊上一桩这样的事就可能要破产。看来，靠风险吃饭的保险公司，也是大有风险的。

保险公司如何规避风险呢？于是再保险为其提供一种分担机制。

举个例子解释：某航空公司向甲保险公司投了飞机险，而甲公司怕赔付太多，就分给乙保险公司一部分。那么，甲公司是分出人，乙公司为分入人，它们间的业务合作，就是再保险（也称分保）；而航空公司和甲公司间的保险，叫原保险。再保险以原保险为基础，但与投保人没有直接关系；原保险以事件本身的风险为标的，再保险的标的，则是分出公司的赔付风险。

再保险的原理和保险一样，也是分散风险。有了再保险，无论多大的保额，投保人只需找一家保险公司投保，就可享受便利快捷的服务；而由于再保险能分摊风险，保险人只要找到再保险人，就能相应扩大承保能力。这样，小保险公司也能和大公司平等竞争。

再保险通过各种分出、分入业务，让风险责任互相流动，就等于将许多保险人"绑"在一起，从而形成巨额的保险基金。1985年，墨西哥发生地震，损失约30亿美元，当时该国地震险的保费总额还不够弥补这次损失，多亏了国际分保赔付，才使损失得以弥补。

比例再保险和非比例再保险

再保险业务中，分出人所保留的风险，称为自留额，体现在数字上，便是保额或保费。小的保险公司，由于资本金少，为增强自身实力往往会多留一些；同时，由于抗风险能力弱，更倾向于那些事故率较低的险种，所以自留额的比重也会高一些。

通常情况下，保费多了，自留额会相应增加，国际上惯用的做法是，保费每增加50%，自留额增加20%（各国做法不一）。当然，公司的营业费用、赔付情况、财务状况，也是影响自留额的因素。

分出人在确定自留额和分出额时，与分入人之间有两种操作方式：比例再保险和非比例再保险。

以保险额为依据，来确定自留额和分保额，这种再保险方式是比例再保险。在比例再保险中，最简单的是成数分保，即无论险种如何，在一定的保额内，分入人和分出人根据事先协商好的比例，确定相应的保额和保费。成数分保手续简便，但对一些风险较低、收益较好的险种，分出人也得分出去，故而会损失部分保费收入。

相对而言，溢额分保自主性较大。比如老李家有喜事要请客，但不知会来多少客人，自己家里能设两桌，食堂可以摆6桌。老李盘算：若客人不够两桌，就在自己家里招待；

若客人超出两桌，又不满8桌，就让部分客人到食堂就餐；如果来客超过8桌，那就得考虑到饭店订座了。

溢额保险的道理，与此很相似。如果没有“溢出”，就全部自留；如果有溢出，就按一定的顺序分配这些溢出额。不过，保险公司承担的责任并不是无限的，事故最高保额就是它的限额，而分入人所接受的保额，一般都是分出人自留额的倍数。这个倍数，就是保险界讲的“线数”。

成数分保和溢额分保，其保额、保费、赔款责任的分配都成一定比例，故称比例分保。而有的分保业务，随意性较大，分入人、分出人的责任经商量而定，这就是非比例再保险。

非比例再保险有三种情形：险位超额赔款分保、事故超额赔款分保、赔付率超额分保。险位超赔分保，指分出人承担一定的赔款额，超出部分由分入人负责（责任是否有限度，双方可以协商）。事故超赔分保，又叫巨灾超赔分保，一般适用于大型灾害，它以大型事故（如地震、飓风、罢工等）的累计损失为基础，分出人承担一定损失额后，分别由不同的分入人“认购”相应层次的赔付额。

保险公司的保费，有已赚保费和实收保费之分。“实收保费”是一个时点的概念，指当时所收的保费；而已赚保费则是按时段平分的保费。如某保险公司年初收到当年人寿险保费120万元，那么1月份的实收保费为120万元，已赚保费只有10万元。在一定期间内，保险人赔付的费用与已赚保费之比，就是赔付率。

保险公司的营业费用，一般是保费的25%（也有以30%为标准的）。因此，当赔付率低于75%时，通常认为保险人的财务是安全的。在某个险种上，分出人将赔付率超过75%以上的部分转移出去，而分入人接受的赔付率为75%—125%，这种再保险方式，就是赔付率超赔分保。它适用于小额损失严重的险种，如农作物雹灾险等。

临时再保险与合同再保险

分入人和分出人进行再保险业务时，都得签订合同。最原始也是最灵活的，是临时再保险合同：分出人将风险的性质、责任大小、承保情况，具体地告知分入人，分入人根据自己的条件，决定是否接受分保。临时再保险，对分入人和分出人的约束很小，双方的自由度大。但是，每笔业务都要经过报告审核，手续较为烦琐。

再保险业中普遍使用的，是合同再保险，其强制性大。合同的起始时间，多为每年1月1日（日本是4月1日），除非有一方在年终前三个月提出注销通知，否则合同继续有效。合同一般针对一个险种，对其分保方式、保费分摊、佣金、物价指数、汇率等都有明确规定。合同分保的特点是稳定性强，手续也简单。

最不受分入人欢迎的，是预约再保险合同：分出人有权决定是否分出，而分入人则无选择的余地。天下没有免费的午餐，若没有高额手续费的吸引，或对险种不是了如指掌，分入人是不会接受的。

增加本国再保险业务，可防止资金外流，有利于增加本国保险基金，减少对国外保险公司的依赖。所以，韩国、泰国、土耳其等国都曾规定，分保业务在本国优先实行。不过这种国家强制的形式，在一定程度上限制了竞争。随着本国保险业的繁荣，这些国家逐渐取消了这种规定。我国在加入WTO后，也逐步降低法定分保比例。

思考题

为何需要再保险？临时再保险和合同再保险、比例再保险和非比例再保险的区别何在？

第6节　保险市场尤需监管

加拿大第三大保险公司——联合人寿保险公司，有123年的经营历史，资产高达340亿加元，1994年宣告破产。无独有偶，3年后，走过了90个春秋、有4000多名雇员的日产互助生命保险公司也关门歇业，让120万保户无端受损。几大保险公司相继倒闭，让人对保险公司的安全性质疑。保险市场的警钟，被再次敲响。

偿付能力警戒线

市场经济中，有经营活动就得有监管，两者相生相克，谁也离不开谁。但保险作为一个特殊行业，受监管的程度自然要更强一些。原先在英国，保险业和其他行业一样，投资者可以自由进入，可有些投机者把保险当作一本万利的买卖进行恶性竞争，使保险业秩序大乱，保险公司的成立和解散，似乎成了家常便饭。

保险公司的主顾是企业和居民。一家普通企业破产，充其量是增加短期失业，财政少一些税收。但如果一家保险公司倒闭，常常会引发社会恐慌，甚至政权动荡。为维护市场秩序，促进公平竞争，18世纪后期，西方各国通过立法，加强了对保险业的监管。所以，在保险界流行一句话："保险是法律的产儿。"

比如，某君签了份旅游保险合同，最高保额是30万元，由于旅途意外，一命归天，其家人却只得了7万元的赔付。他家人百思不得其解：人都没了，怎么还得不到最高赔付？保险公司也有理由：白纸黑字，合同上明明写了，关键是你们没看懂。

保险合同的制定权和解释权，一般都在保险人手里。而费率的计算，与统计学有关。条款的设计，则需要专门的技术。投保人若无较强的专业知识，在理解合同时，往往会如坠云里雾里，不知所云。在保险的天平里，投保人的砝码更轻。如果是小顾客碰上大公司，要想实现双方公平，更是难于登天。于是维护投保人的利益，变成了保险监管最基本的出发点。

面对保险公司，投保人最关心的是自己受保障的程度。有人把投保戏称为花钱买最后的抚慰。投保人受损后，若能从保险人那里得到赔付，便寻求到慰藉。但投保人是否能得到赔付，则取决于保险人的偿付能力。对偿付能力的监管，也逐步成为保险监管的核心。

保险公司年末资产净值，代表了它的实际偿付能力。监管部门通常会根据保险人所收保费和历年赔付情况，规定最低偿付能力指标。如果某保险公司实际偿付能力不足最低偿付能力的一半，或连续三年都没达到最低偿付能力，就会被列为重点监管对象。

作为一种监管措施，在此期间监督部门会规定它不得分红、不能设立分支机构、不许增加新业务，并要求限期进行整顿。在偿付能力方面，美国保险界确定了一条警戒线。当实收保费在资本净值的3倍之内，被认为是安全的；否则，就要对其采取进一步的监管措施。

保险公司的必备条件

除了监管偿债能力，拥有法定的资金，按规定确立公司章程，有持证上岗的核保员、理赔员、精算员，则是保险公司成立的必备条件。在成立保险公司前，各国必须选择相应的组织形式。不同国家，保险公司的形式各异，一般有股份公司和合作公司两种，比如日本就有保险互助合作社，而英国有个人保险机构，不论哪种形式的机构，其经营范围、竞争状况、再保险状况、费率确定等，保险人都必须向保险监管部门按时递交各种报表，接受监督。与此同时，从业资格和业务范围也如同两道“紧箍咒”，对保险中介人予以严格约束。

保险监管按松紧程度，大致可分为三类。

——公示式监管。让保险公司增加透明度，将组织结构、保单费率、资金运用等情况公布于众，接受社会监督。这种监管方式只适合于保险人很自觉、国民素质较高的地区。随着保险业务的复杂化，此方式显得力不从心，也就逐步退出了历史舞台。

——准则监管。由国家颁布基本条例或规定，要求保险人遵守，若不遵守，就要受到惩罚。显然，这比公示式监管力度稍大一些。

——法律监管。由政府制定法律，对保险公司的设立、经营和破产等予以规范，并采取强有力措施，维护市场秩序。这种做法，是实体式监管。与前两种监管方式相比，实体式监管更具体，操作性强，而且在目前保险界应用得也最普遍。

保险监管模式

从保险监管模式看，西方国家也不尽相同。英国保险业历史悠久，保险人素质高、行业自律程度高，诸如劳合社理事会、经纪人委员会、个体保险仲裁机构，都是著名的自律机构，也是保险监管的辅臣。

美国的保险业，由联邦政府和州政府共同管理。洪水保险、农作物保险、联邦犯罪保险，归联邦保险局监管。各州保险局，通过立法对偿付能力、承保过程等予以规范。

日本大藏省的银行局下有一个保险部，负责对保险业实行行政式监管，并规定保险的险种、条款和费率。与日本一样，德国对保险业也实行严格的监管。德国将风险进行分类，对保险公司的费率和利润都有严格的控制。

日德的监管模式，确保了公司的偿付能力，大大降低了保险人的风险。的确，日德两国保险公司破产的不多，两国的投保人，安全感也更强。但是，统一的费率制度也弱化了保险界竞争，缩小了保险经纪人的活动空间，因此受到了限制。

保险监管犹如一道门槛，门槛一高，进来的人档次也会提高；反之，良莠不齐，鱼龙混杂，管理难度则会加大。当然，若门槛过高，保险人寥寥无几，极易导致寡头勾结，而且也会有碍竞争，损害消费者利益。所以，监管门槛的高低，也得仔细掂量，相机行事。

综观世界各国，监管的松紧程度，一般取决于市场环境。随着经济全球化，德国融入欧共体，日本也积极参与世界竞争，两国的费率监管，已现放宽的态势。早在1996年，日本就通过了新的《保险业法》，看来，放松费率监管，而强调偿付能力，是顺势而变之举。

思考题

怎样衡量保险公司的偿付能力？你认为保险公司实收保费在资本净值的3倍之内是安全的吗？请说明理由。

国际金融制度

国际金融机构

巴塞尔协议

国际储备制度

汇率制度安排

规避外汇市场风险

第十章
国际金融制度

稳定全球金融秩序、防范金融风险，需要建立一套相应的制度。此类制度包括国际金融机构、银行运营规则、国际储备制度、汇率制度以及汇市风险规避工具等。本章将就这五个问题作分析。需要说明的是，以上问题目前还在探索之中，经济学并未提供标准答案。

第1节　国际金融机构

一个国家的企业或居民需要贷款，可求助于国内商业银行；而一国政府需要贷款，则需要求助于国际金融机构。国际金融机构作为超国家的金融组织，不仅从事资金融通，还负责国际金融活动的组织、协调、监管，在全球金融领域发挥重大作用。

类似行业协会

国际金融机构不是政府机构，虽然它们承担了国际金融活动的组织、协调、监管等公共职能，但运转经费不是直接来自纳税人。由这一特点决定，国际金融机构虽然也从事资金融通业务，但又不是单纯的商业银行。

国际金融机构类似于“行业协会”。一方面，它们要追求自己的利益最大化，但又担心他国发生金融危机殃及自己，所以希望建立对全球金融活动具有约束力的机构。而这样的机构，就是国际金融机构。

中国历史上纤夫自雇监工是很好的例证。

早年在长江行船，要靠纤夫拉，而每个纤夫都希望别人多出力而自己少出力。可纤夫也知道，若大家都像自己一样少出力，最后有可能被船主集体辞退。要避免这种有害的结果，纤夫会怎样处理呢？

民国初年，有一对传教士夫妇到重庆旅游，在三峡附近的一个码头，看到了一件让他们难以接受的事情，十多个纤夫拼命往前拉船，而边上有个人拿着鞭子在抽他们。于是传教士夫妇前去制止，可那些纤夫不让他们管，并告诉他们，拿鞭子的人是自己出钱雇来的监工。

纤夫之所以雇监工，是希望借助“他律”争取“最大化避害”。曾有学者研究过，说国内行业协会最初是起源于纤夫自雇监工。此事是真是假不能确定，但可以确定的是，今天行业协会的重要职能之一，确实是为了借助“他律”强化“自律”。

由此分析，国际金融机构的存在，无非有两个原因：一是为成员提供全球性金融互助服务；二是通过对全球金融活动的组织、协调、监管，协助各国央行争取“最大化避害”。

全球性机构

1930年5月，英、法、德、意、比、日六国央行以及美国三家大银行，在瑞士的巴塞尔成立了第一个国际性金融机构——国际清算银行。

建立该机构的初衷，是解决第一次世界大战后德国战争赔款以及协约国间的债务清算。任务结束后，该机构就演变成了各国央行的合作组织。国际清算银行的主要职责，是为成员国央行提供贷款，国际清算以及建立银行监管规则。

第二次世界大战后美国成为全球霸主，不仅建立了以美元为中心的国际货币体系，而且牵头在联合国门下成立了两个国际性金融机构：国际货币基金组织（IMF）与世界银行。

IMF成立于1945年12月，该机构的运作资金来自各成员的出资。若将IMF比作一个股份公司，各成员就是股东，他们的地位和权利取决于出资额。由于美国出资最多，故在该组织中享有否决权。

IMF的主要职责，是监督贸易秩序，建立多边支付制度，执行有关货币合作安排，促进汇率稳定，向国际收支逆差国提供贷款等。不过这种贷款是有条件的，按照IMF的规定，贷款申请国要先制定出解决国际收支逆差的计划，如降低国内通胀率、削减政府开支、放松贸易、金融管制等，这实际上是IMF对成员实施监督的一种方式，若不符合规定，贷款将遥遥无期。

世界银行与IMF不同。世界银行也是会员制机构，但职责有点像我们的国家开发银行，贷款主要投向生产资源性开发，如基础设施、能源工业等，而且主要是给政府提供贷款，当然私人企业有政府担保，也能从它那里借钱。为了满足发展中国家资金需求，世界银行下面还相继成立了国际开发协会（IDA）、国际金融公司（IFC）、多边投资担保机构（MIGA）和国际投资争端解决中心（ICSID）。

区域性机构

全球性金融组织虽然势力庞大，但不同程度地为西方国家所掌控，发展中国家申请贷款很难。像世界银行，贷款审批程序烦琐，从提出申请到签订协议，平均至少需要近2年。国际货币基金组织更是“店大欺客”，经常对贸易逆差国横加干预，若不顺从则以终止贷款相要挟。

在这种情况下，发展中国家别无选择，只好建立一些区域性的跨国金融互助组织。

20世纪50年代后期至70年代，一批区域性国际金融机构陆续建立，如亚洲开发银行、非洲开发银行、阿拉伯货币基金组织、伊斯兰银行、西非开发银行等。2015年，由中国发起成立了亚洲基础设施投资银行（简称“亚投行”）。随着世界经济日趋一体化，区域性国际金融机构的影响已远远超过区域空间的限制，成为国际金融领域一支不可忽视的重要力量。

思考题

国际金融机构为何存在？你认为国际金融机构应该承担哪些职责？请说明理由。

第2节　巴塞尔协议

稳定国际金融秩序不仅要有机构，同时也需建立切实有效的监管规则。在国际金融界，“巴塞尔委员会”声名显赫，虽然它只是国际清算银行的一个工作机构，并无官方名分，但能号令三军。之所以如此，原因是它为国际银行业监管制定了一系列文件，具有公认的权威性。

逼出来的协议

20世纪70年代前，各国对银行监管标准各异，宽严不一。随着跨国银行的兴起，国际金融监管更是遇到一系列难题。精明的银行家见空子就钻，和监管当局玩起了“捉迷藏”游戏，哪里监管有漏洞，他们就在哪里拓展业务，结果导致银行倒闭事件接连发生。1974年，西德的赫斯塔特银行、美国的富兰克林国民银行皆因疏于风险防范，多年基业毁于一旦。

国际上两家重量级银行倒闭，引起了金融界的深刻反思。1975年2月，西方12个国家派出代表，齐聚瑞士的巴塞尔，成立了“银行管理和监督行动委员会”。该委员会就银行业合作、监督等问题，先后达成了一系列契约，简称“巴塞尔协议”。

1975年9月，第一个巴塞尔协议出台。该协议极为简单，主要针对国际银行监管主体缺位提出了两点主张：第一，任何银行的国外机构都不能逃避监管；第二，母国和东道国对跨国银行应共同承担监管职责。1975年的协议大而化之，只是提出了监管原则，没有具体监管标准。

为了增强国际监管的可操作性，1987年该委员会通过了一个新文件——《关于统一国际银行资本衡量和资本标准的协议》，第一次对跨国银行提出了最低资本要求。翌年7月，在西方12国央行行长会议上，该协议正式通过。我们通常所说的巴塞尔协议，就是这个文本。

最低资本金标准

巴塞尔协议的核心内容是：银行要保有充足的资本金，最低不能低于资产总额的8%。低于这一标准，银行则面临两个选择：或者追加投资，扩大自有资本量；或者减少贷款，控制"风险加权资产"总量。一般而言，银行会选择后一种。按照协议规定，银行资产并不是实际资产，而是"风险加权资产"。

比如某银行有实际资产300元，其中，库存现金100元，信用贷款100元，抵押贷款100元。库存现金没有风险，风险权重为0；信用贷款风险最大，权重为100%；抵押贷款的风险小一些，比如为20%。那么，这家银行的风险加权资产总额为120元（100 × 0+100 × 100%+100 × 20%）。

按照巴塞尔协议，该银行应该保有9.6元（120 × 8%）的资本金。如果资本金不足，比如只有8元，那么银行就得收回20元的信用贷款，转成库存现金，确保将风险加权资产总额控制在100元以内。

巴塞尔协议关于最低资本金的要求，限制了银行的信贷规模，特别是限制了银行的高风险信贷规模。从此，国际银行业发生重大转向，由扩张经营转为审慎经营，越来越多的中央银行开始执行这个标准，大多数商业银行也不断向它靠拢。该协议出台后，国际银行监管格局为之一新，跨国银行经营风险明显降低。

然而，监管与反监管始终是一对矛盾，它们之间的对抗从来没有停止过。巴塞尔协议面世后，因监管失效造成的银行业危机仍是时断时续，尤其是在亚洲金融危机中，巴塞尔协议的预警、监管作用并未得到应有的发挥。这就促使巴塞尔委员会痛下决心，对1987年的框架进行重大修改，1999年6月，提出了新协议的征求意见稿，并于2006年正式颁布实施。

新协议三大支柱

与旧的协议相比，新协议有以下三大创新，即除了维持8%资本充足率的要求外，强调金融当局的监管，市场纪律的重要性，并以此构成新协议的三大支柱。

对银行最低资本金的要求，是原协议的核心，被列为新协议第一大支柱，这一点早在人们的意料之中；而第二大支柱，将金融当局监管纳入协议框架，是吸取亚洲金融危机教训的成果。新协议要求央行不仅要对监管提出要求，还要实地督察，避免出现了问题再补窟窿。第三大支柱是引入市场机制，要求银行加强信息披露，并以此强化对银行经营行为的约束。

新协议的另一重点，是改进风险衡量标准。以前的协议采用标准化办法确定风险权重。不同国家、不同资产的风险权重是事先定的，凡是经济合作组织的成员，都享受高信用级别待遇，其他成员则规定较低的信用级别。这样做既不合理，也不科学。

新协议摒弃了之前这种做法，除了少数资深银行可采用内部评级确定风险权重外，对其他银行则建议采用外部评级确定。

举个例子。韩国是经合组织成员，在旧的协议下，是享受零风险权重的国家；而改用外部评级方式后，韩国主权风险权重迅速上升了50%。再比如中国的香港，过去香港不是经合组织成员，主权风险权重是100%，而在新协议框架中，其主权风险权重下降到了20%，而且中国整体资产的风险权重也大幅度下降了。

20世纪90年代以来，全球银行业发展迅猛，各种新产品、新工具层出不穷，既创造了大量商机，也滋生了无数隐患。考虑到银行风险的复杂性，新协议扩大了防范风险的范围，将操作风险也纳入其中。

1995年，有233年历史的英国巴林银行破产，原因竟是一名交易员的违规操作。有鉴于此，新协议明确规定，防范操作风险的所需资本，不得低于总资本的12%。

思考题

为何巴塞尔协议在全球银行业具有公认的权威性？2006年正式颁布实施的新协议为何要提出三大创新？

第3节　国际储备制度

巴塞尔协议为商业银行防范风险规定了“最低资本金”要求。对一个国家来说，防范国际收支风险则需要有适度的国际储备。一个国家的国际储备，不仅可以反映出该国调节国际收支和稳定汇率的能力，还会影响国内乃至全球的物价稳定。

国际储备资产

储备资产冠以“国际”二字，当然就不是普通的资产，至少有以下三大要求。

第一，国际储备资产要有广泛的公认性。要是别的国家不认，关键时刻就不起作用。

第二，国际储备资产还要有充分的流动性，能够自由兑换。比如美元相对美国的中长期债券，流动性更强，故前者列入一级储备，后者只能列为二、三级储备。

第三，国际储备要兼顾安全，内在价值要相对稳定，不会大起大落。

按照上述要求，目前可作为国际储备资产的主要有黄金、外汇、国际货币基金组织的储备头寸和特别提款权。

对黄金和外汇作为国际储备资产不必解释，这里重点介绍国际货币基金组织的储备头寸和特别提款权。

前面说过，国际货币基金组织是一个会员制机构，各成员需按规定交纳“会费”。其中，25%用外汇缴纳，称为“储备头寸”；其余75%用本币缴纳，称为“债权头寸”。成员需动用储备头寸可无条件提取，若超过自己缴纳的额度，基金组织还会用其他成员缴纳的本币，即前面所说占75%的“债权头寸”出借。

特别提款权并非货币资产，仅是一种记账单位。准确地说，是国际货币基金组织为弥补国际储备不足所创造的“虚拟”资产。基金组织根据成员的份额，分配这种资金使用权，它虽然不能直接用于国际贸易支付，但可以在分配的额度内，到国际清算银行冲抵国际收支逆差，或偿还所欠贷款。

成员若要取得特别提款权，需承担两项义务：一是向基金组织支付利息；二是当基金组织需要时必须按分配的提款权额度，兑换相同数额的货币。

储备规模

国际储备并非韩信用兵，多多益善。对一个国家来说，国际储备过多就相当于把大量外汇资产存到国外，廉价供人家使用，自己只是赚点利息，而一旦外汇贬值还会跟着折财。问题是，国际储备规模究竟多大合适？

1960年，特里芬在《黄金与美元危机》一书中提出，一国的国际储备与进口额存在着一定的比例，可以用储备与进口的比率来确定一国储备的适度规模。根据他的计算结果，一国的国际储备与进口额的合理比例为40%，低于30%就需要调整，20%为最低限。

也就是说，一国的国际储备应至少能满足3个月进口的用汇需求，此说法后来成了许多国家确定外储适度规模的基本依据。

事实上，特里芬的研究有一个缺陷，他只是从外汇支出角度分析国际储备，忽略了外汇收入，而且他是通过经验数据归纳出来的结论。科学研究重视证伪，结论只要被一个事实推翻便不成立。而事实证明，特里芬的结论并不可靠。

1997年前，泰国、马来西亚、菲律宾和印尼等国国际储备分别相当于该国上年度5.12个月、4.07个月、3.44个月和5.68个月的进口额，均高于上述标准，可是1997年却发生了金融危机。

有学者提出，可将国际储备占外债总额的比例作为判断一国国际储备是否适度的标准，并且认为只要将此比值控制在50%以内就是适度的。显然，此看法只是重视外债总量，却忽视了外债结构（中短期外债与长期外债的比例）。

一般地讲，短期外债比重越高，短期内所需外汇会越多，国际储备就应多些；反之就可以少些。而可用于证伪的例子是，20世纪80年代前，马来西亚、泰国、印度、巴基斯坦等国的这一比率均不足20%，可在此之前，这些国家均未发生偿债危机。

国际货币基金组织评估国际储备，通常看五个指标。存在下列情况则为国际储备不足：一是国内利率较高；二是经常项目与资本项目下支出存在管制；三是把加大储备作为经济政策的主要目标；四是汇率持续不稳定；五是新增国际储备不是来源于经常项目下收入与资本投资增加，而是来自对外借款。若一个国家采取第一、第二、第三项措施，或者出现了第四、第五种情况，表明外储偏低，需要增加国际储备。

机会成本分析

20世纪60年代，海勒、阿加沃尔等学者曾在这方面做过尝试性的研究，提出了一个新标准：当一个国家持有国际储备的边际成本等于边际收益时，其储备量就是适度的。

两位学者指出，一个国家的国际储备需求与机会成本成反比，与边际收益成正比。他们将机会成本定义为运用外汇进口资源要素所增加的边际产出（可用国内投资收益率表示）；而边际收益，则是指运用储备弥补国际收支逆差所带来的收益。这样当一个国家持有储备的边际收益等于持有储备的机会成本时，表明社会福利达到最大化，因而是适度储备规模。

上面这种分析，既克服了特里芬用经验数据归纳结论的局限，又可弥补IMF分五方面考察的不足。不过这种分析也存在技术上的困难。比如持有外储的边际成本勉强可用“国内投资收益率”代替，但持有外储的边际收益很难找到合适的观测指标，只能靠主观判断（比如专家评估），而这样做，在科学性上要打折扣。

这里顺便多说一句。若有哪位读者能找到一个衡量外储“边际收益”的指标，这个指标不仅可以观察得到，而且还可以量化、可以比较，那么你的大名日后一定会载入经济学史册。

思考题

国际储备的适度规模如何决定？外汇储备的边际收益应该怎样度量？你对从机会成本角度研究外储适度规模有何见解？

第4节　汇率制度安排

20世纪70年代布雷顿森林体系崩溃后，美元号令天下的时代一去不返。国际货币基金组织几经磋商，最后达成了《牙买加协定》，规定各成员可自行选择汇率制度。自此，各具特色的汇率安排相继浮出水面，逐渐形成了全球汇率制度多样化的格局。

浮动汇率制

汇率制度可分为三大类：浮动汇率制、固定汇率制、有管理的浮动汇率制。

在浮动汇率制下，汇率由市场外汇供求决定，货币当局基本不干预汇市。我们知道，影响外汇供求的决定性因素，是各国的国际收支状况。国际收支顺差国，出口大于进口，赚取大量外汇，外汇供给增加，价格下跌，本币汇率上浮；国际收支逆差国，对外汇的需求增加，外币价格上扬，本币汇率下跌。这种汇率安排最大的优点，是可以通过汇率杠杆，对国际收支进行自动调节，降低国际游资冲击的风险。

但是，汇率的频繁剧烈波动，也会对国内经济造成震荡，所以实行浮动汇率制的国家，多数是国力雄厚且金融市场完善的发达国家。不过，即便是实行浮动汇率制的国家，当汇率出现大幅波动、对本国经济产生不利影响时，政府也不会袖手旁观。比如，政府会通过新闻媒体放风，间接影响汇市走向。

20世纪80年代中期，美元持续走强，美国出口增长乏力。于是美国便邀请英、德、日、法四国财长，召开了“广场会议”，联合拉低美元汇率，以改善日益攀升的美国外贸赤字。

固定汇率制

与浮动汇率制相反，固定汇率制是指货币当局锁定本币对外币的比价，或波动幅度被限制在较小范围内。根据国际货币基金组织的分类，固定汇率制有三种。

一是无法定货币的汇率安排。比如巴拿马自1904年以来，使用的纸币则是美钞，本币“巴波亚”仅以硬币形式流通，巴波亚与美元的汇率为1∶1。由于不发行纸币，也无须保护本国货币，巴拿马没有设立中央银行。欧元区的汇率安排也是如此。各成员使用同一种法定货币——欧元，对外则实行联合的浮动汇率。

二是货币发行局制度。政府将本币与某种外币的汇率，用法律形式固定下来，本币发行有对应的外汇储备作保证。实行这种制度的国家和地区，主要包括中国香港、阿根廷以及一些东欧国家。

三是钉住汇率制度。即本币按固定汇率钉住一种主要货币，或是一揽子货币，汇率波幅不超过1%。实行这种汇率制度的国家，或者自己公开宣布，如马来西亚等东南亚国家；或者自己虽不明说，而实际上却依此操作。

实行固定汇率制的国家，大多是新兴工业国，采取这种制度安排，目的是避免汇率频繁波动，吸引外资流入。但为了稳定汇率，政府常常要入市干预，承担市场变化的风险。在过去的几十年间，发展中国家通胀率普遍高于发达国家。但由于实行固定汇率，这些国家币值长期被高估，导致国际收支普遍逆差。

由于有政府兜底，国内企业和银行往往不顾汇率风险，过度举借外债，造成了潜在的债务风险。如果这类国家推行金融自由化，又会给国际游资可乘之机，它们在外汇市场上低买高卖，赚取价差。国际收支赤字、外债负担累积，再加上游资冲击，如果这些因素赶到了一起，外汇储备便是杯水车薪，最终不得不放弃固定汇率，迫使本币贬值，从而引发金融危机。

有管理的浮动汇率制

有管理的浮动汇率制，介于上述两种汇率制度之间，汇率主要由外汇供求决定。同时，当汇市严重偏离正常轨道时，政府可以予以纠正。

这种汇率安排又可细分为四种：一是平行钉住，允许本币汇率波动范围大于1%，如冰岛；二是爬行钉住，即货币当局根据若干量化指标，定期小幅调整币值，如尼加拉瓜；三是爬行区间浮动，即货币汇率钉住一篮子货币，根据中心汇率的变化，定期进行调整，如波兰；四是无区间有管理浮动汇率，指货币当局不特别指明汇率目标，但经常性地积极干预汇市，使其朝有利的方向变动，如新加坡。

有管理的浮动汇率制能否有效实施，取决于货币当局的调控水平。通常要考虑三个指标：通胀率、负债率、外贸依存度。可汇率变幻莫测，管理者很难做到准确无误；而政府过多干预，有时还会加大汇率波动，结果反而事与愿违。

从近年来的情况看，实行有管理浮动汇率制的国家数量在逐渐减少，而实行自由浮动汇率与固定汇率制的国家数量相对增加。许多经济学家认为，这种“舍中间，取两极”现象将成为汇率制度选择的新趋势。

汇率制度事关重大，各国政府无不慎重。著名经济学家蒙代尔曾提出“最优货币区理论”，说如果在一个区域内部，生产要素具有高度流动性，但该区域与外部存在生产要素流动性障碍，那么区域内成员之间使用共同货币或实行固定汇率，对外实行浮动汇率，这种汇率安排收益最高。

这一理论为欧元区的建立提供了理论依据，蒙代尔也因此获得了1999年度诺贝尔经济学奖，并被誉为“欧元之父”。

这里再顺便介绍一下蒙代尔的“不可能三角定理”。该定理说：一个国家的资本自由流动、货币发行权与汇率稳定，三者不可兼得，最多只能取其二。这不仅道出了亚洲金融危机的实质，也为危机后各国重建汇率制度提供了理论指导。

蒙代尔的这个定理也说明了一个道理：尺有所短，寸有所长，任何一种汇率安排都非完美无缺。一个国家只有根据世界经济发展态势，选择适合自己国情的汇率制度，才是明智的选择。

思考题

迄今为止，汇率制度有固定汇率制、浮动汇率制、有管理的浮动汇率制三类，请你分析这三种汇率制度各自的利弊。

第5节　规避外汇市场风险

前面已经讲过银行风险的规避，也讲过汇率制度安排，最后再讲外汇市场的风险规避问题。外汇市场规避风险，主要借助于相关的避险工具，这些工具都是在外汇交易实践中逐渐衍生出来的。

有形外汇市场与无形外汇市场

从组织形态看，外汇市场可分两类：一类是有形外汇市场，另一类是无形外汇市场。前者有固定交易场所，外汇交易者根据开市时间，到交易所按报价进行交易。如法国巴黎、德国法兰克福、比利时的布鲁塞尔等外汇市场。

不过，此类有形外汇市场不多，真正举足轻重、吞吐万象的还是无形外汇市场。无形外汇市场虽然无固定交易场所，但由于有便捷的通信工具，交易更为活跃，交易额也更大。

当今世界三大外汇市场，伦敦、纽约和东京汇市都是无形外汇市场。虽然它们处于不同的时区，但遍及全球的电讯网络，将它们紧密连成了一体。

伦敦市场每日营业开始，先和东京的尾市衔接，并参照东京汇市收盘价，确定自己的开盘价。伦敦开市不过几小时，纽约市场跟着开盘，伦敦和纽约共同营业的这段时间，全球外汇交易达到高潮。在纽约闭市的前一个小时，东京汇市又开始了新一天的营业。三大汇市首尾相接，全天候地提供外汇交易服务。

外汇市场不论有形无形，参与者主要是外汇银行、外汇经纪人和中央银行，它们从事的都是外汇批发业务。所谓外汇银行，是央行授权经营外汇业务的本国银行，设在本国的外国银行以及其他从事外汇经营的金融机构。外汇银行扮演双重角色：既可直接参与交易，也可充当中介，先从卖方买进外汇再将其卖给买方。

与外汇银行不同，外汇经纪人并不直接买卖外汇，而是提供中介服务，从中赚取手续费。中央银行进入汇市，主要目的是稳定本币汇率。若汇率出现异常波动（如国际游资蓄意冲击一国汇率），该国央行就会动用外汇储备，入市进行反向干预。本币过度升值，就抛出本币，买入外汇；反之，则买入本币，卖出外汇。

除此以外，比较大的进出口商、非贸易外汇供求者，以及其他外汇投机者，也都是外汇市场的常客。

衍生避险工具

布雷顿森林体系解体后，各国货币比价起落不定。也是在这一时期，西方金融机构为降低汇市风险，衍生出很多避险工具。

我们知道，最初的外汇交易是即期交易，特点是隔日交割，随行就市。为了规避交易风险，于是出现了远期外汇交易，此类交易的期限可在2天以上、1年以内，买卖双方可先行签约，规定币种、金额、汇率、交割日，到期成交。

远期外汇交易对不同参与者作用不同，但在一定程度上皆可降低风险。进出口商从事远期交易，可以锁定汇率，避免汇率波动导致成本上升造成损失。资金借贷者可以防止债务加码或债权缩水。不过对投机者来说，由于远期汇率变数甚多，难以预测，也就更便于投机博利。

基于此，市场又衍生出了外汇期货交易。此类交易与远期交易有某些类似，都是以合约形式定下汇率与交割期，在未来某时间进行交易。但期货交易要在有形市场进行，交易双方需向中间人交纳手续费；期货交易要在公开市场竞价，而且买卖的是交易单，合约更具标准化、格式化，投机炒作色彩不浓。

再后来，市场又创造出了外汇期权交易。交易双方互签合约，支付保险费，就可拥有到期是否履行合约的选择权。

到期如果行情对自己有利，远期汇率比即期汇率高（称为升水），就按照约定进行交割；如果情况不妙，远期汇率比即期汇率低（称为贴水），则可选择不履行交割义务。

汇率的变化只有两种可能，不升即降。这看似简单，却没有人能料事如神。为了更大程度地避免风险，市场还出现了外汇掉期业务，也就是在买进或卖出即期外汇的同时，进行一笔反向的远期外汇交易，以避免汇率波动风险。

此外，今天外汇市场还有无本金交割的远期外汇交易，即到期交割时双方只交付升水或贴水的差价，无须将数额巨大的本金划进划去。

汇市“零和游戏”

总体上讲，外汇市场参与者除了少数机构是为了投机牟利外，大多数机构是为了规避汇率波动可能给自己造成损失，或者说是在汇率预期不稳定条件下，争取“最大化避害”才参与交易。若非如此，外汇市场不会创造出上面各种避险衍生工具。

其实，外汇交易是一种“零和游戏”。汇市与股市不同。一只股票从60元跌到30元，股票市值随之减半，一大块泡沫财富被挤掉。而汇价波动所带来的只是一种货币的价值减少，而另一种货币价值增加。只是财富易手或财富的再分配，财富总量并无损失。所谓“零和游戏”的说法，也正是由此而来。

问题在于，全球汇市每天交易额巨大，假定每天有1.5万亿美元的交易额，汇率涨跌1个百分点，就会有1500亿美元资金更换主人。任何一种外汇交易方式，既可以作为规避风险的工具，又可以成为投机牟利的手段。需要特别指出的是，只要参与者严格遵守游戏规则，汇市没有正邪之分。正是因为有形形色色的参与者，外汇市场才会宾客满座，长盛不衰。

思考题

外汇市场与股票市场有何不同？规避外汇风险的工具有哪些？为何说外汇交易是一种“零和游戏”？

货币金融理论述要

货币性质与职能

单一规则货币政策

通货膨胀“谁”之过

货币体系推陈出新

货币国际化的两难选择

汇率决定基础

发展中国家金融之误

第十一章
货币金融理论述要

在现代市场经济条件下，金融已成为社会经济活动的“枢纽”。一个国家在某个时期制定货币政策，都需要依据相关的货币金融理论。本章将对这方面的理论原理作简要介绍。

第1节　货币性质与职能

货币的性质属于“中性”还是“非中性”，是货币金融理论的焦点问题之一。这个问题之所以成为学者关注的“焦点”，是因为人们对货币性质的认识，往往决定一个国家货币政策的取向。

货币中性与非中性

自萨伊开始，经济学者曾一度把人类社会看成是以物物交换为主的经济世界。在他们眼里，货币在交换中只是一种润滑剂，它既不是机器的一部分，也不是原动力，不过是给机器涂上一点油而已。

对货币职能的这种认识，使他们得出了这样的判断：商品的供给恒等于生产者的货币收入；生产者的货币收入恒等于他们的货币支出；货币支出必然引出商品需求。这样供给能自动创造需求。

由于货币仅仅被视为一种交换媒介，对经济活动没有任何影响，所以，从萨伊到马歇尔，在他们的理论体系里，价格理论和货币理论是互相独立的“两张皮”。

在论述价格形成时，只分析商品的需求和供给，货币只是一件外衣，在价格形成过程中不起任何作用。在论述货币的时候，货币数量的增减被视为价格涨跌的主要原因，而商品价格在这种情况下同比例涨落，并不影响相对价格体系，所改变的仅是物价总水平的高低。

于是他们的结论是：货币的性质是中性的，也称为“中性货币”。

19世纪末，有一位从不被人注目的瑞典学者克尼特·维克塞尔，提出了与以往学者截然不同的“非中性货币论”。

他指出，在静态分析中人们往往假定货币只有交换手段的职能，但在现实商品交换中，货币除了作为流通媒介，还能充当储藏手段和支付手段。

事实上，关于这一点，早在维克塞尔之前马克思就已经明确指出：货币有价值尺度、流通手段、支付手段、储藏手段、世界货币五大职能。

维克塞尔分析说：有的人卖出货物后，并不想立即买进，而只想把货币储藏起来；有的人则在买入一批货物后，经过相当一段时间后才能够卖出。因此，货币实际上与一般商品相对等。从货币和银行信用对经济的影响看，货币其实是“非中性的”。

这样，维克塞尔第一次将货币转向了动态分析。仅这一点，维克塞尔的名字就足以载入史册。后来经济学家熊彼特在《经济分析史》中把维克塞尔称为“瑞典的马歇尔”“北欧经济学派的顶峰”。

由于货币是非中性的，因此，购买过程和销售过程被分隔成了两个独立的阶段，大多不同时进行，这样，供求均衡便很难自动实现。那么，怎样才能实现经济的均衡呢？维克塞尔主张用利率调节商品的价格，使不能自动均衡的经济恢复均衡。

实际利率与自然利率

维克塞尔从庞巴维克的“资本利息理论”中搬来了两个概念——“自然利率”和“实际利率”，以说明利率是怎样影响商品价格的。

在庞巴维克那里，“自然利率”是一种既不会使商品价格上涨，也不会使之下跌的利率。说得直白些，是指在不使用货币，一切借贷均以实物资本形态进行的情况下，由借贷资本供求所决定的利率。比如企业家从资本家那里以实物形式借入资本，并以实物形式支付工资、地租等，生产结束时，他要用产品偿还原先的借款，并支付利息。

企业家以实物资本获得的收益，是最初利息。若所得利息大于当初向资本家借入实物资本时商定的利息，其差额便是企业家的超额利润。可企业家之间存在着激烈竞争，会使得最初利息与商定利息相一致，超额利润消失。

换言之，若通过实物资本而获得的实物利息与商定利息完全相等，便是“自然利率”。实际上，也是新形成资本的“预期收益率”。

而所谓“实际利率”，是指金融市场的货币借贷利率。在现实中，实际利率与自然利率有时会发生背离，而且这种背离会导致物价的变化。

当实际利率低于自然利率时，企业主认为有利可图，于是会增加贷款，扩大投资，积极购买原料、劳动力和土地。由于竞争，他们必然要出较高的价格购买，结果使原料生产者、劳动者及土地所有者的收入增加。由于这些人对消费品的需求增加，必然造成物价上涨，而且会形成一个不断累积的过程。

物价上涨后，人们预期还要进一步上涨，于是销售者索取高价，购买者以预计上涨的物价为标准权衡，仍愿意购买。这个时候，单靠银行把利率恢复到原来水平还是不能阻止价格上涨。如果银行继续降低利率，则会促使价格上涨更为迅速。

相反，假如实际利率高于自然利率，则一切会向相反的方向进行。也就是说，将形成一种物价下降、经济活动衰退的累积过程。

用利率调节物价

维克塞尔分析说：利率和物价之间有一种必然的因果关系。只要在市场其他条件不变的情况下，银行持久地降低利率，哪怕十分微小，也会使物价持续地无限制地上涨；反过来，若将利率稍稍提高，并提高足够长的时期，则一切商品和劳务的价格都将持续地无限制地下跌。

那么，才能遏制物价上涨呢？维克塞尔认为，只有银行持续地大幅度提高利率，使其接近甚至超过自然利率。于是，维克塞尔提出了著名的“货币均衡原理”。

该理论的中心意思是，经济波动的原因，在货币方面，而不在生产方面。在不存在货币的实物经济中，自然利率归根结底取决于资本边际生产力，而且储蓄与投资始终会相等。

维克塞尔指出，要想让经济平稳运行，必须使货币利率趋于自然利率。他将这种与自然利率相一致的货币利率，称为“正常利率”。他认为，只有实际利率与正常利率相等，物价才会稳定。而其背后的政策含义是，在现代市场经济下，资金借贷利率的确定，要像没有货币时一样，以自然利率为基准。

思考题

你对货币中性与非中性的争论有何评论？央行可以用利率调节物价水平吗？为什么？

第2节　单一规则货币政策

前面说过，对货币性质的看法决定了货币政策取向。而货币政策的“规则”与“权变”之争，便是货币是中性还是非中性争论的进一步展开。

相机抉择事与愿违

以国家干预经济为基调的凯恩斯主义，倡导“相机抉择”的所谓“权变”政策。在他们看来，经济生活仿如一条有着荣枯周期的河流，而货币供应就是一道闸门，政府作为“守闸人”，应时刻根据“河流”的凋荣状况，相应地关闭或开启“闸门”。

由于凯恩斯主义一直是战后经济学领域的“正统”和“主流”，“权变”货币政策自然在西方各国得到大力推行。但是，自20世纪50年代后期开始，一股反对“权变”理论的旋风从美国东部刮起，高举这面反旗的领袖是弗里德曼。这位思想超卓的经济学家雄辩滔滔地对凯恩斯的“权变”政策进行了批判。

弗里德曼指出，“权变”政策不仅事实上很难收到预期效果，甚至会适得其反，造成经济的大起大落。据此，他力主政府放弃传统的“权变”货币政策，而建议用一种预先制定的对货币投放有约束力的“规则”取而代之。比如，把货币供应的年增长率，长期地固定在与经济增长速度以及劳动力增长率大体一致的水平上，这就是著名的“单一规则”货币政策。

货币供应时滞期

在“宁要单一规则，不要相机抉择”的双方争论中，弗里德曼搬出了第一个致命“武器”。他用铁证如山的事实说明，“相机抉择”货币政策往往会使经济更不稳定。他通过对大量历史统计资料的考察和实证研究，指出货币政策只有在经历了一个易变的、长期的“时滞期”后才能够作用于经济。

具体说，从中央银行货币供应的变化到经济生活中，反映出这种变化之间，存在着两个“时滞”：货币增长率的变化平均需在6—9个月以后才能引起名义收入增长率的变化；在名义收入和产量受到影响之后，平均要再过6—9个月价格才会受到影响，因此，货币政策生效的时间往往要经过一年或一年以上。

正是12—18个月的时滞，令中央银行难以掌握实施“权变”政策所需的必要信息，无法准确预测经济的未来走向，更不用说把握现实社会对货币政策作出反应的时间和程度。这样，政府在扩大和收缩货币供应量时就难免做过头或做不到位：要么对经济刺激过度，要么紧缩过度，最终的结果往往是事与愿违，促成经济更大波动和更不稳定。

这一枪可谓击中了“权变”论的要害。但还不够，弗里德曼未等凯恩斯主义者回过神来，紧接着又使出了另一个杀手铜，批驳“权变”政策只能在很有限的时期内控制利率和失业率，等到这一短暂的时间一过，利率和失业率便会迅速反弹，货币政策非但难以收到预期效果，反而会引发物价上涨和失业增加的恶性循环。

弗里德曼分析道：政府通过调整贴现率，变动法定准备金率，或者在公开市场上买进政府债券来增加货币供应量，虽能在短期内压低利率、刺激投资，但经过一年半载，至多两年，随着厂商和居民开支扩大，人们的收入也相应增加，这不仅会使人们对货币的需求增加，而且对商品的需求也大大增加。一旦需求大于供给，必然拉动物价上涨，结果会使原来下降的利率重新上升。

特别是当人们预料到物价将继续上涨时，贷款人会提高利率，借款人也愿意支付较高利率，于是利率回升，甚至超过原来水平。随着通胀愈发严重，利率上升会越快，而高利率会降低厂商的投资热情，导致经济萧条，失业率上升。

面对巨大的就业压力，政府又不得不增加货币供应量来压低利率、刺激投资和扩大失业，结果又会在奏效于一时之后重回老路，形成“货币供应量扩大—利率下降—收入增加—物价上涨—利率反弹—投资收缩—失业增加—货币供应量再扩大”的怪圈。

单一规则以静制动

要打破上面的循环，弗里德曼认为，政府与其手忙脚乱不讨好，还不如由政府制定一个长期不变的货币投放增长的比例规则，以静制动，反而可使物价水平趋于稳定，使经济的大幅度波动得到抑制。

那么，货币投放增长的比例如何确定呢？弗里德曼的观点是，现实中货币量增长的比例应当符合两方面的要求：一是适应物价上涨的需要；二是使货币量和劳动生产率保持同比例增长。这样，货币当局在确定货币供应量时，只需盯住两个指标：一是经济增长率，二是劳动力增长率，并把货币供应的年增长率控制在这两个指标之内。

弗里德曼根据自己的估算提出，美国每年需要增加货币1%或2%以配合劳动力的增长，再加上该国的年产量平均增长约为3%，若再考虑到劳动力的增加和货币流通速度会随着实际收入增加而有下降趋势等因素，美国货币供应的年增长率，可定在4%—5%之间。

弗里德曼认为，这种单一规则的货币政策，实际上是政府为货币供应确立的一条稳定航线，只要货币当局始终遵循这条航线，经济的持续增长就有可能成为现实，经济活动的大幅度波动才可能得以避免，有利于各种市场力量发挥作用的货币环境也才能得以建立。

事实也确实如此，由于凯恩斯“权变”政策无法摆脱“滞胀”，从1975年起，西方工业七国中有五个实施“单一规则”货币政策。瑞士、西德、日本则被认为是实施该政策而“成功控制通胀”的国家，英国前首相撒切尔夫人更是唯“单一规则”是瞻，当年里根总统推行“经济复兴计划”，也把控制货币供给作为主要手段，而且今天大多数国家也在按“单一规则”制定货币政策。

思考题

你怎样看待“规则与权变之争”？对中国实施稳健货币政策有何建议？

第3节　通货膨胀“谁”之过

通货膨胀是一把“双刃剑”，虽然适度通胀有助于刺激消费需求、扩大就业，但一个国家一旦出现高通胀，则意味着该国货币严重贬值。所以，政府应将通胀水平控制在一定的范围内。

高通胀有害无益

每一次高通胀，留给人们的都是惊心动魄的回忆。在1922年的德国，若某人持有3亿元的债券，两年之后，他用这些钱却买不到一块糖果。甚至到了今天，不少国家仍在遭到这个恶魔的侵袭，在莫斯科以及南美和东南亚，都曾经发生过这样的事情：人们排队购买食品，有时一个人从队伍的后面移到一半时，价格已上涨1倍；而轮到他购买时，价格已上涨3倍。

虽然这只是一些较为极端的例子，但通胀的确就像一个惯偷，时时刻刻觊觎着人们的腰包，并神不知鬼不觉地掠走人们好不容易积攒起来的财富。这不仅削弱了固定收入者、退休者、家庭主妇、领取抚恤金和养老金等人的货币购买力，而且也使债权人的利益受到极大的损害。

其实，遭到经济学家同声谴责的还不止这些，未可预见的通胀不仅使价格和收入分配发生扭曲，还会导致错误的投资，甚至引起混乱的、无规则的财产再分配，而且当社会决定采取措施减轻通胀时，还会付出令人痛苦的经济萧条和加大失业的巨大代价。

通货膨胀的成因

为防止通胀给社会造成危害，经济学家一直在寻找有效的对策，为此，必须先弄清楚发生通货膨胀的原因。关于这个问题，数十年来学者的看法莫衷一是，至今未形成一致的意见。

归结起来，大致有以下几种类型。

第一种类型:“需求拉动型通胀”。持此观点的学者认为，由于总需求超过了总供给，必然会拉开“膨胀性缺口”。具体讲，当一国经济实现充分就业时，表明资源已得到充分利用，在此条件下，若总需求继续增加，过度的需求不仅不会促使产量增加，反而会引起物价上涨。

第二种类型：“成本推动型通胀”。持此观点的学者不赞成从需求方面解释通胀，认为生产费用增加，特别是生产和劳工成本增加才是造成物价上涨的真正原因。

而且在具体解释到底是哪种成本“推进”通胀的问题上，又有三种不同的说法。

一种说法，是“工资推进”。此说法的理由是，由于工资提高引起了成本增加，从而导致物价上涨；物价上涨后，工人又会进一步要求提高工资，从而再度引起物价进一步上涨。如此循环往复，便形成了“工资—物价”的螺旋式上升或轮番上涨。

再一种说法，是“利润推进”。此说法的理由是，垄断企业为了追求更大利润，常常通过“操纵价格”将利润抬高到补偿提高了的工资水平之上，使商品价格以快于成本增加的幅度上升。由于利润也被认为是成本的一部分，因此，通胀可看作是由成本推动的。

另外还有一种说法，即“进口成本推动”。此说法的理由是，由于进口的原材料、燃料等价格上涨，也会推动国内生产成本上升，进而引起通胀。并且，在此情况下一国通胀还会通过国际贸易渠道和国际货币体系传导到其他国家。20世纪70年代初，西方国家发生普遍严重的通胀，一个重要的原因，是世界市场石油价格大幅度上升。

正当人们对通胀究竟是需求拉动还是成本推动吵得不可开交时，有经济学家又提出了第三种类型的通胀，即通胀既不是单纯由需求方面引起，也不是单纯由供给方面引起，而是双方共同起作用，形成了“供求混合推进型的通胀”。他们的解释是，工资上升，既提高了成本，也增加了需求，因为工资上升增加了成本的压力，同时产生了较高的收入使需求上升。

持上述观点的学者指出，这种双重作用的影响，说明收入政策具有一定的合理性，货币工资率只有按劳动生产率进行调整，才能避免收入膨胀和利润膨胀。而若只有“成本推进”，而没有“需求拉动”，物价不可能持续上升。若没有需求和货币收入水平提高，工资上升引起物价上涨，势必使大量商品卖不出，从而会迫使生产紧缩，工人被解雇，最后使成本推进的通胀终止。

通胀的第四种类型："结构性通货膨胀"。这无疑是想从结构方面解释通胀。此观点认为，社会经济各部门具有不同的特点，而正是这些特点的变动会引起物价的普遍、持续上涨。

举个例子，朝阳产业部门与夕阳产业部门的增长速度与劳动生产率皆存在较大差别，但这两个部门的名义工资有一致增长的趋势。其实，名义工资增长率是由生产增长较快或劳动生产率较高的朝阳产业部门决定的，可生产增长较慢或劳动生产率较低，夕阳产业部门的工人便会由于攀比行为而向高工资看齐，最后使整个社会的工资增长率超过劳动生产率或经济增长率。

通胀的第五种类型："惯性通货膨胀"。此观点认为，无论是何种原因引起通胀，即使当初引起通胀的原因消失后，通胀也会由于其本身的"惯性"而持续下去。而造成这种惯性的，是政府财政政策和货币政策以及人们在决定工资水平时相互参照攀比的心态。一方面，政府决策者在制定财政政策和货币政策时必须考虑此前的价格上涨因素；另一方面，一旦一部分人的工资由于通胀上升了10%，那么另一部分工人和企业在决定自己的工资时，就会参照这种工资的上升而上升。

对"惯性通货膨胀"，理性预期学派则从另一角度作了解释。他们认为，造成这种通货膨胀惯性的，是人们在心理上对通胀的预期。因为预期对人们的经济行为有着重要的影响，而预期又往往是根据过去的经验形成的。在已产生了通胀的情况下，人们常会根据过去的通胀率来预期未来通胀率，并以此作为指导未来经济行为的依据。

比如，若上一年通胀率是10%，人们便会据此预期下一年通胀率不会低于10%，并以此作为下一年工资谈判的基础，要求下一年的货币工资增长率不能低于10%。下一年的货币工资增长率为10%，就会使下一年的通胀率起码会由于工资的增加而在10%的水平上。于是，由于预期的原因，即使引起上一年通胀率为10%的原因消失了，下一年的通胀率也会在10%以上。

通胀是货币现象

现代货币学派领袖弗里德曼对上述观点一概加以否定。他坚持说，无论是供给还是需求，抑或供给与需求的综合力量以及经济结构等方面的原因，它们都只会引起局部暂时的物价上升，并不足以引起普遍而持续的通胀。通货膨胀的唯一根源，是货币供给量过多。

其实，马克思在《资本论》第一卷中分析商品价格总水平与货币需要量时，早就提出了著名的货币流通规律，科学地揭示了通胀的真正成因。马克思提出的货币流通规律是：流通中所需要的货币量，等于同一时期的社会商品价格总额除以同名货币的流通次数。用公式表示：

商品价格总额/同名货币的流通次数＝执行流通手段职能的货币量

若用M代表货币数量，V代表同一时期的货币流通次数（速度），P代表同期的价格水平，Y代表同期商品数量，则为：$P\times Y/V=M$。

20世纪初，费雪在《货币的购买力》一书中，将马克思的货币流通公式改造成“货币交易方程式”：$M\times V=P\times Y$。即货币数量乘以货币流通次数，等于价格水平乘以社会商品数量。由于V受社会制度和习惯的影响，可以看作是一个常数，社会商品量Y短期内也是相对稳定的，因此价格水平P的变动，就由货币数量M决定。

后来弗里德曼在1956年发表的《货币数量论：一种重新表述》一文中，就是用这个方程式将通胀的成因直接指向货币发行量。随着货币学派的影响越来越大，“通胀是货币现象”也渐渐深入人心，社会上那种“粮价上涨引起通胀”“战争引起通胀”“工人要求加工资引起通胀”等论调的声音愈来愈小。而且弗里德曼的这一观点，还在一定程度上遏制了西方政府的印钞冲动，至少超发货币已不再像从前那样明目张胆了。

弗里德曼指出，历史上的每一次通胀，总是伴随着货币供给量的增加而发生；当货币供给量明显增加，并且其增加速度超过生产量增加的速度时，通货膨胀就必然会发生。因此他所得出的结论是：通货膨胀时时处处都是一种货币现象。

思考题

为何说通货膨胀是货币现象？你认为成本、结构等因素会推动通货膨胀吗？请说明理由。

第4节　货币体系推陈出新

随着经济全球化提速，跨国投资与贸易活动日趋频繁，规模也越来越大，就需要一个有利于国家间公平交换的货币体系。迄今为止，人们建立过三种货币体系：金本位体系、布雷顿森林体系、牙买加体系。

金本位体系

第二次世界大战前实行的是金本位制。各国货币都规定有黄金含量，两国之间的汇率，取决于货币含金量之比，该比值称为黄金平价。

比如1英镑含黄金113.0格令，1美元含黄金23.3格令，两国货币的黄金平价就是4.9，英镑兑美元的汇率就是1∶4.9。鉴于当时英国称雄全球，英镑值得信赖，全球近90%的国际贸易都用英镑计价、支付，其他国家持有英镑，可以到英格兰银行兑换黄金。

在金本位制下，货币和黄金紧紧相连，各国汇率波澜不惊。1880—1914年，该体系固若金汤，大大地推动了国际贸易的发展。金本位制的实施，要求各国遵守如下规则：货币含金量稳定，黄金自由输出输入，货币发行要有对等的黄金准备。天下太平、国际贸易正常时，各国政府尚能遵守规则，自觉维系金本位制的稳定。

先后爆发的两次世界大战，摧毁了金本位制的根基。各国为应付战事，印钞机连轴运转。通货膨胀如野马脱缰，不可收拾。金本位体系名实两亡，于是建立新的国际货币体系便成为第二次世界大战后的当务之急。

凯恩斯方案与怀特方案

1944年7月，第二次世界大战的硝烟还没有散尽，来自45个国家的300多名代表聚集在美国的布雷顿森林市，召开了一个钩心斗角的群英会。会议的中心议题，是结束两次世界大战之间的那种混乱的国际经济秩序，寻求国际货币合作的新方式。此次会议围绕着这个议题，英国经济学家凯恩斯和美国财政部官员怀特发生了激烈争论，史称“凯恩斯与怀特之争”。

事实上，早在布雷顿森林会议召开之前，英、美两国就新的货币合作协定问题在华盛顿进行了数次磋商。英方以凯恩斯为首席谈判代表，美方则以怀特为首，他们二人虽然私交甚好，但在谈判桌上都为捍卫本国利益而互不让步。

当时美国有250多亿美元的黄金储备，约占世界黄金储量的75%，已成为世界上实力最雄厚的经济大国。考虑到英国处于劣势，因此凯恩斯在保持低姿态的同时力争主动。为了先声夺人，他通宵达旦地工作，并先于美国一步提出了他的货币合作方案——“凯恩斯方案”。

“凯恩斯方案”代表了英国立场。由于当时英国负债累累，为了尽快使英国摆脱困境，凯恩斯主张由债务国和债权国共同对国际收支的不平衡承担责任，成立了一个专门的国际机构，发行300亿美元的货币，无偿地提供给各成员，用于成员之间的贸易结算。

随即美国也抛出了“怀特方案”，即币值稳定基金方案。该方案的核心精神是“黄金规则”，即谁有黄金，谁来制定合作规则。

由于两个方案针锋相对，因而凯恩斯与怀特之间的讨价还价也异常激烈。最后，布雷顿森林会议以怀特方案为基础，以凯恩斯方案为参照，形成了一个折中的货币合作协定——布雷顿森林体系。

布雷顿森林体系

布雷顿森林体系是有史以来第一个国际货币合作的产物，主要包括两方面内容。

首先，由美元充当国际货币。美国政府承诺，保证“美元和黄金一样可靠”，各国政府可以按1盎司黄金相当于35美元的价格，随时用美元向美国兑换黄金。这就等于规定了美元的黄金含量。再加上美元存款可以获得利息，而黄金只能在银行的金库中积累灰尘，因而世界各国都愿意接受美元，并将美元用于贸易计价结算。

其次，实行可调整的固定汇率制。布雷顿森林体系规定，美元与黄金挂钩，其他国家的货币通过一个固定的比价与美元挂钩。各国政府有义务维持这一固定比价，即便有所波动，波动范围也应该控制在1%以内，否则必须对外汇市场进行干预。只有在特殊情况下，经协商同意以后，这个比价才可变动。这样，就使美元成了整个汇率体系的基准。

在第二次世界大战后的30年里，布雷顿森林体系对整个世界的金融格局产生了深刻的影响。由于它结束了战前那种混乱的国际经济秩序，造就了一个相对稳定的国际金融环境，因而带来了世界经济的迅速增长，促成了50年代和60

年代世界经济的繁荣。

然而，布雷顿森林体系毕竟是一个代表着美国利益的货币安排。20世纪70年代以来，随着欧洲、日本的经济复兴和中国经济崛起，美元的霸权地位逐步走向衰落。

牙买加体系

1971年8月15日，尼克松总统被迫宣布切断美元和黄金的联系，布雷顿森林体系寿终正寝。自此，国际金融活动一度陷入混乱之中。

1976年4月，国际货币基金组织经过长期磋商，终于达成《牙买加协定》，规定各成员可自由选择汇率安排，既可实行固定汇率制，又可实行浮动汇率制；废除早已名存实亡的黄金官价，金价交给市场决定；重视国际货币基金组织的作用，增加特别提款权在国际储备中的分量；改善发展中国家贷款条件，解决其资金融通困难。

与前两个体系相比，牙买加体系具有更大的灵活性。比如过去国际储备主要是美元和黄金，美元曾达到全球外汇储备的90%。在这种旧体系下，美国打个喷嚏，全世界都得跟着感冒。新体系运行后，日元、欧洲国家的货币异军突起，外汇储备趋于多元化。国际货币基金组织的特别提款权，由5种强势货币组成，根据5国的出口额、劳务占世界总额的比重，每5年调整一次货币权重。对于汇率制度安排，牙买加体系也没有硬性的规定。

根据国际货币基金组织1996年的统计，有52个经济较发达国家和地区实行汇率自由浮动，48个国家和地区采取政府管理的浮动制，欧盟12国内部汇率相对固定，对外实行联合浮动。此外，有49个国家和地区的汇率，采取钉住单一货币制，比如与美元保持相对固定的比例关系。还有20个国家和地区的汇率，则钉住一揽子货币。

维持国际收支平衡

维持国际收支平衡，是国际货币体系的重要职责。在金本位体系和布雷顿森林体系下，英、美两国都曾试图一手遮天，依靠经济霸主的地位摆平全球金融危机。牙买加体系摒弃了一家独大的思路，由占西方国家生产总值80%的7个国家组成7国首脑会议，共同商讨国际货币体系中的棘手问题。

除此之外，一些区域性的金融组织，如欧洲货币联盟、中美洲经济一体化银行、中非货币联盟等在各大洲先后兴起。由于文化同源，经济依存度强，彼此间的货币政策协调也更为有效。

不过，牙买加体系也存在明显不足。一个成功的国际货币体系，应能同时满足清偿力和稳定性要求。牙买加体系虽然通过浮动汇率制较好地解决了国际清偿力问题，但稳定性不尽如人意，而且在国际金融危机预警、应急救援、反危机对策等方面，屡屡显得力不从心。由此看，建立理想的国际货币体系，仍需世界各国共同努力。

思考题

布雷顿森林体系为何会解体？目前牙买加体系存在哪些不足？应该如何改进？

第5节　货币国际化的两难选择

第4节我讲到过布雷顿森林体系，实际上，在布雷顿森林体系刚建立不久，美国耶鲁大学特里芬教授就神奇地指出了该体系的先天不足，并准确推断了它的“死期”。

特里芬难题

特里芬对布雷顿森林体系前景的推测，实际上也是指出了货币国际化的两难困境。让我借助一则中国民间流传已久的故事来解释。

从前有个媳妇，贤淑能干，深得婆婆喜欢。后来婆婆让她主持家务，负责给全家人煮粥。由于土地贫瘠，每年打的粮食有限，然而这一家年年添丁进口。为了让全家人都能吃饱肚子，媳妇只好不断往锅里加水，结果是粥越来越稀，家里人的怨气越来越大。最后，婆婆一气之下将她赶出了家门。

这个故事可以很好地说明货币国际化的难题。在布雷顿森林体系中，美国承担着两个职责：一是保证美元按固定官价兑换黄金，以维持各国对美元的信心；二是为国际贸易提供足够的国际清偿力。然而这两个职责，信心和清偿力是有矛盾的。

要是美元过少，会导致清偿力不足；如果美元过多，则会出现信心危机。而美国要持续不断地向其他国家提供美元，只能让自己的国际收支始终保持赤字，由此留下的"大窟窿"只能靠开动印钞机印制美元填补。这无异于往锅里加水，结果是美元越来越多。

收支赤字意味着美国的黄金储备不仅不能增加，反而会由于别国的兑换而减少。这样，一边是美元越来越多，一边是黄金越来越少，势必会造成"粥越来越稀"。美元兑换黄金失去保证，出现信心危机。时间一长，布雷顿森林体系自然也就无法维持。

提供清偿力和维持信心的这种两难困境最早是由特里芬提出的，学界称之为"特里芬难题"。对"特里芬难题"进一步引申，其意思是：不仅美元作为国际中心货币会存在这样的难题，而且由其他任何一种主权货币来充当唯一的国际货币，也不能避免这个难题。

从美元荒到美元灾

事实不幸被特里芬言中。在第二次世界大战结束后的最初几年里，欧亚各国百废待兴，需要从美国进口商品，但由于缺乏美元，所以形成了“美元荒”。从20世纪50年代开始，美国的货币赤字缓解了国际清偿力不足，到50年代中期，美元还是比较紧缺，各国仍然愿意积累美元，没有出现美元的信心问题。

1958年以后，“美元荒”逐渐变成了“美元灾”。美国持续的收支赤字引起了许多国家的不满。法国总统戴高乐的言辞最为激烈，他抨击美元享有“过分的特权”。由于美元是国际货币，美国的国际收支赤字不需要纠正，用印制美钞的方式就可以弥补。而其他国家一旦发生赤字却无计可施，只能蒙受失业和经济增长下降的痛苦，甚至不得不省吃俭用节省外汇。

美元霸权江河日下

对于众多国家的不满情绪，美国始终置若罔闻，不愿意为此付出调整国内经济的代价来减少国际收支的赤字，依然对发行美钞乐此不疲。

到20世纪50年代末期，美国黄金储备大量外流，对外短期债务激增。到1960年，美国的短期债务已经超过其黄金储备，美元的信用基础发生了动摇。当年10月，爆发了战后第一次大规模抛售美元、抢购黄金的美元危机。

危机当前，美国政府请求其他国家予以合作。各国虽与美国有利害冲突，但美元危机也会影响他们的利益，因此给予了一定的配合。除合作性措施之外，美国还运用政治压力劝说外国政府不要用美元兑换黄金，可法国政府对此非常反感，反而更大规模地兑换黄金，并带动很多国家也跟着兑换黄金。1971年夏天，布雷顿森林体系宣告解体，自此，美元霸权江河日下。

思考题

一个国家货币国际化应具备哪些条件？今天美元霸权地位为何江河日下，对我国推进人民币国际化有何启示？

第6节 汇率决定基础

第二次世界大战以来，金本位制与布雷顿森林体系先后解体，标志着各国货币已彻底与黄金脱钩。牙买加体系规定各成员自由选择汇率安排，于是各国货币间的比价（汇率）如何确定便成了一大难题。

卡塞尔的“一价定律”

在第一次世界大战之前，确定汇率并不像现在这么麻烦。当时，各国货币都规定有黄金含量，两国货币的汇率，就是货币的含金量之比（即铸币平价），战前的汇率被称为固定汇率。

第一次世界大战期间，各国为应付军费开支大量发行纸币，纸币含金量没法保证，也就不能兑换黄金，铸币平价随之瓦解。待战争硝烟散尽，贸易重开，如何确定汇率成为一个非常棘手的问题。1922年，瑞典经济学家卡塞尔出版了他的《1914年以后的货币与外汇》一书，提出了“购买力平价论”，认为应根据各国货币的购买力确定汇率。

“购买力平价论”有两个假设前提：第一，两国之间贸易自由，商品、劳务交流不受关税、配额限制，即便有限制，双方外贸政策也对等，没有相互歧视；第二，两国商品的运输成本大致相同，即便有些微差异也可忽略不计。在此假设下，卡塞尔得出了推论：同样的货物无论在哪里销售，其价格必然相等。或换一种说法：如果世界上只有一种货币，在任何地方购买同质的商品，价格都应该一样。此推论为“一价定律”。

实际上，各国货币是不相同的，那么由“一价定律”便可以推出：两种货币的汇率等于它们的购买力之比。比如同样的汉堡包，在美国卖1美元，而在日本卖150日元，那么，就可以认为，1美元相当于150日元，美元对日元的汇率是1∶150。如果一国的货币购买力下降，商品的国内价格上升，该货币就会对外等比例贬值；反之，购买力上升，货币则会相应升值。

上面的例子中，如果由于某种原因，汉堡包在日本售价上升为200日元，在美国仍卖1美元，那么日元贬值，美元对日元的汇率降为1∶200；反之，如果汉堡包在美国售价上涨到1.5美元，在日本仍为150日元，就说明日元升值，美元对日元的汇率变为1∶100。当然，该理论所说的货币购买力，不只表现在汉堡包一种商品上，而是就国内所有商品的平均水平而言的。

相对购买力平价

两国在某一时间点上，价格水平与汇率的关系称为“绝对购买力平价”。与此对应，卡塞尔又提出“相对购买力平价”。他认为，在一段较长的时间里，两种货币汇率变化的百分比，等于两国国内价格水平变化的百分比之差。

举个例子。如果法国的物价一年上涨10%，而荷兰物价只上涨5%，那么，根据相对购买力平价，法郎对荷兰盾将会贬值5%。汇率变动将不多不少，刚好抵消法国通胀超过荷兰的5个百分点。照此看来，汇率的涨跌与同一时期两国物价水平的相对变动，恰成反比关系。

经济学界两点质疑

购买力平价理论对指导第一次世界大战后各国重整汇率发挥过重要作用，但经济学界对此褒贬不一。反对者认为，此理论至少有两点值得质疑。

第一点，不可贸易商品不存在平价。以理发为例，一个德国人想让法国师傅理发，不管他飞到法国，还是把理发师请到德国，成本都远远超过理发本身的价格。理发显然是不可贸易商品。而随着服务业发展，不可贸易商品的比例会越来越高。此类商品价格完全由国内供求决定，与购买力平价扯不上关系。

第二点，不同国家的收入水平与消费习惯不同，即便是可贸易的物品，在不同国家生产时也并不能完全替代。比如20世纪90年代中国消费者购买家电，都喜欢进口原装产品。在日本本土生产与在东南亚组装的同一品牌彩电，在中国受欢迎程度却大不相同。原装彩电需求大于供给，价格偏高，组装彩电尽管价格便宜却少有人问津。如此一来，也就难以真正反映购买力平价。

思考题

你对“购买力平价”有何评论？在金本位制与布雷顿森林体系先后解体后，各国间的货币比价（汇率）应该怎样决定？为什么？

第7节　发展中国家金融之误

第二次世界大战以后，出现了“和平与发展”两大全球性主题。前者指东西两种社会体制对抗，后者指南北两个半球贫富差距拉大。相对而言，发展问题更为经济学家所关切，对发展中国家如何尽快脱贫、缩小与发达国家的差距，提出了不少真知灼见。

两种对立看法

站在金融的角度剖析发展中国家经济落后的原因，经济学家的看法如出一辙。他们将发展中国家落后的根源，皆归结为“资本匮乏”，认为发展中国家要振兴本国经济，必须提高储蓄率，引进外资，加速资本形成。

这种思路听上去合情合理，可实践效果不遂人愿。20世纪70年代，麦金农和肖一反常规，提出了具有开创性的观点，指出：发展中国家贫困，不仅在于资本稀缺，更重要的是资本利用效率低抑制了经济增长。只有对症下药，深化金融体制改革，方能突破经济发展瓶颈，不致被发达国家越甩越远。

为扭转积贫积弱的状况，发展中国家决策者可谓殚精竭虑。他们认为，本国与发达国家的差距主要在工业，全力发展大工业，才是实现赶超的捷径。可兴办工业需要巨额资金。钱从哪里来？一个办法是引进外资。但是，发展中国家多数曾饱受殖民压迫，他们唯恐引资不当，被发达国家控制经济命脉。于是宁肯贷款，也不允许外商直接投资在自己国内办企业。

然而，国际金融市场是富国的乐园，富国向穷国提供贷款，不仅脸色难看，还常常附带苛刻的政治条件。发展中国家只好以自力更生为主，勒紧裤带，靠自我积累发展民族工业。为了使企业尽快成长壮大，往往实行工农业产品价格剪刀差，以农补工；或为了减轻企业的还贷负担，人为地压低利率。

利率是资金的价格，应反映资金供求状况。但发展中国家由于政府实行利率管制，资金价格被严重扭曲。世界银行曾有一份调查报告显示，其1980年结构调整放款，42个接受贷款的发展中国家，只有5个国家的实际利率（名义利率与通货膨胀率之差）为正数，其余国家实际利率全都为负数。

金融抑制的后果

实际利率为负，意味着企业只要借到资金，便可利从天上来。所以不管手头有无项目，企业都对借款投资趋之若鹜，于是全社会便出现了“投资饥渴症”。由于信贷资金僧多粥少，政府被迫只好以“配给”方式提供。而信贷机构大权在握，寻租行为也难以避免。结果造成资金使用粗放，投资效益低下，国民收入扣除用于消费的部分后所剩无几，新增投资日益萎缩。

麦金农认为，发展中国家市场条块分割，相互隔绝，是“不完全”的。这种“不完全”体现在各个领域，而金融市场尤甚。其中一个重要现象，就是大型企业由政府操办，即使效益不佳，也能以优惠条件获得贷款；而大量中小企业，在政府眼里只是“杂牌部队”，当它们扩大规模、更新设备需要贷款时，却被政府管制的金融市场拒之门外。

除了利率管制，发展中国家对汇率也进行过多的干预，令本币汇率被过分高估。如此一来，这些国家实行进口替代战略，汇率管制加上进口配额管理，有利于引进机器设备，减少工业制成品进口。可汇率管制不仅导致了外汇黑市，而且引进设备的企业相当一部分效益不高，产品也缺乏国际竞争力。

长远看，高汇率使发展中国家出口乏力，国际收支恶化，外汇储备有减无增。低利率引起的储蓄、投资增长乏力，与汇率管制下的出口乏力，严重制约发展中国家经济增长。这种金融体系和经济效率低下的现象，被经济学家称为“金融抑制”。

金融深化措施

如何给金融“松绑”，消除金融抑制？麦金农等人提出了金融深化理论。该理论在政策层面，主要是采取三大措施。

首先，放松政府部门对金融体系的管制，尤其是利率的管制，使其反映国内外资金供求，适应国民经济的实际状况。

其次，放开利率要与发展股市、债市等结合起来。这样，有限的资金就会流入高效益的项目。如果一个项目前景不被看好，企业在融资时底气不足，就会在高利率面前望而却步。而且高利率可鼓励储蓄，银行不愁没有信贷资金。

最后，发展中国家应尽快开放国内金融市场，允许外国银行自由进入金融行业。同时，减少对汇率的管制，使国际金融市场的资金能够自由进出，以缓解国内资金不足。

金融深化理论提出后，发展中国家掀起了一股金融深化浪潮。20世纪70年代中期，阿根廷、智利、乌拉圭三国率先进行了试验；80年代，东南亚诸国也加快了金融深化步伐。然而，由于步子迈得过快过急，在没实现经常项目可兑换的情况下，完全放开国内资本市场与资本项目下的自由兑换，最终引发了一场空前的金融危机。

西方有一句名言："通往地狱的道路，都是用良好的意愿铺成的。"金融深化理论虽好，但如果不顾国情，企图一蹴而就，就如同歪嘴和尚念经，不免谬之千里。金融深化并不等于"大撒把"，在消除金融抑制的过程中，既要顺应世界潮流，又要避免矫枉过正，对发展中国家来说，这一点至关重要。

思考题

从金融角度看，发展中国家经济落后的原因是什么？拉美金融危机与东南亚金融危机有何教训？